JN099080

少年野球

デキる選手はやっている
打つ 走る 投げる 守る

井端弘和

日本文芸社

まえがき

私はプロ野球選手を引退後、22年から「侍ジャパンU－12代表監督」に就任させていただきました。私個人も少年野球チームを持っています。

私自身、小学校1年生から神奈川県川崎市内の学童チームで野球を始めました。私が子供のころは多くのスポーツの中でまだまだ野球全盛期であり、学年が上になるにつれ、練習はかなり厳しくなりました。だから、私には「少年野球はシンプルに教え、楽しく、大きく伸ばしてあげたい」という思いが根底にあります。

ただ、少年野球チームの「パパコーチ」から、「子供たちが野球の何が分かっていないのかが、分からない」「自分で何をどうやって子供たちにアドバイスしていいか分からない」という切実な悩みを相談されました。

技術はもちろんですが、ティーチ（教える）ではなく、コーチ（導く）する術をご存じないのでしょう。指標の1つとなる「少年野球の指南書」が必要だと痛切に感じた次第です。

自分はいま実際に「野球塾」で、小学校1年生から中学校3年生までの生徒を教えています。具体例を挙げると、1週間後、次のステップに進もうとすると、教えたこととは別の風になっていることが往々にしてあるのです。

「あれ、どうしたの?」「お父さんに教わりました」

私も小学生の息子が少年野球をやっているので気持ちは分かるのですが、大事なのは「我慢して見守ること」です。

コーチに教わったことと違うと、ついつい矯正・修正したくなるものですが、どうしてもというときにだけにとどめておいて、それ以外は子供本人に「考えさせる」ことが一番大事なのです。それこそ「失敗は成功の母」なのですから。

ただ、「これだけは」ということもあります。私が説明する基礎を頭に入れておいて、選手に聞かれたらいつでも答えられるようにしておいたらいかがでしょうか。

最近の少年野球は1週間に土曜日・日曜日だけの活動チームが多いです。教える側からすれば、違った方向に進んでいると元に戻すのが大変ですが、いい方向で進んでいるときは、こちらが驚くほどの進歩を見せるものです。

子供たちが上達するにつれ、野球の知識は必要になっていきます。私の教えが唯一絶対ではありません。選択肢の1つとなってくれればいいのです。

また、少年野球のころから正しい練習をすることは、成長やケガ予防の観点からも大切です。ひいてはそれが人材の育成・野球振興につながるのであれば、私の望外の喜びであります。詳しくは本編に譲るとしましょう。

井端弘和

Contents

PART 3

投げる ……… 65

PART 4

守る ……… 95

●撮影チーム協力

中野セネタース

昭和48年創設。所属選手は小学校1年生～6年生までの少年少女。中野区少年野球連盟所属。中野区立緑野小学校をホームグラウンドとし、毎週土日祝日に練習や試合に取り組むことで、選手たちの心身を鍛え、団結力・友情を育てている。

PART 1

打つ

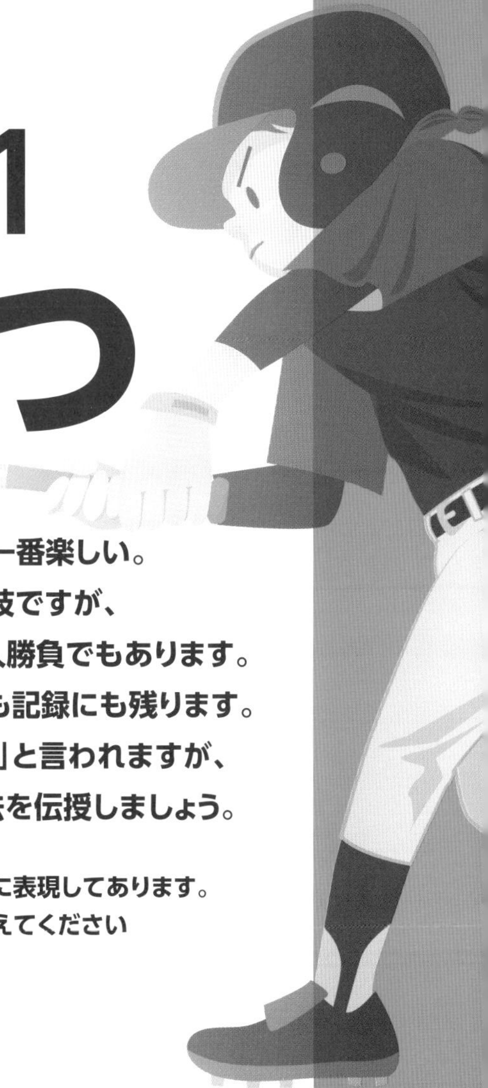

野球では打撃が一番楽しい。
野球は団体競技ですが、
打者と投手の1対1の個人勝負でもあります。
安打や本塁打は、記憶にも記録にも残ります。
「打率3割を打てば一流」と言われますが、
それをもっと高める方法を伝授しましょう。

※本書では、右利きを基本に表現してあります。
左利きの選手は、逆に考えてください

ストライクゾーンの範囲

- **「打ちにいったとき」の、脇の下あたりからひざ頭まで。**
- **本塁ベースの上に五角柱をイメージ。**
  打席のどこに立っても、
  本塁ベース上の五角柱だけがストライク。
- **山なりの球の見極めは難しいが、この五角柱にかすればストライク。**

公認野球規則=「ストライクゾーンは、
打者の肩の上部とユニフォームのズボンの上部との
中間点に引いた水平のラインを上限とし、
ひざ頭の下部のラインを下限とする本塁上の空間をいう。
このストライクゾーンは打者が投球を打つための姿勢で
決定されるべきである」。

左右

- 本塁ベース＋内外角ボール1個分ずつ（かすってもストライク）。
- 横幅43.2センチ＋内外角ボール1個分ずつ＝J号球約7センチの8個分。

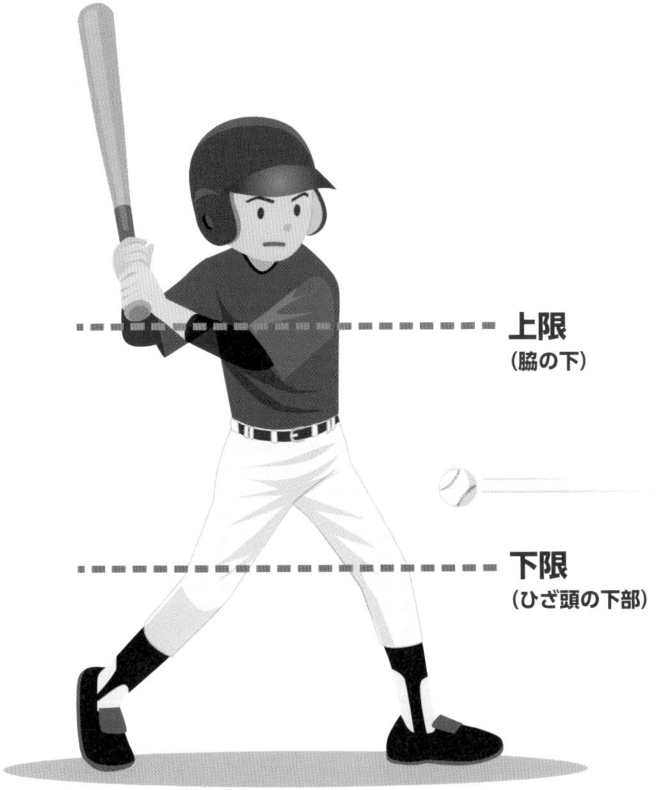

ストライクゾーンの上限は、「打つための姿勢」とあり、打つ前の「構えた姿勢」ではない。
また「打者の肩の上部とユニフォームのズボンの上部の中間点に引いた水平のライン」とは、要するに「脇の下」あたりである。

「フルスイングできる球」がストライク

ルール上、ストライクゾーンの規定はあるが、少年選手は「フルスイングできる球がストライク」と考えればいい。
なぜならボール球を安打にするのは難しいが、ストライクを打つと安打になりやすいからだ。

打席で立つ位置＝「本塁ベースの真横」「本塁ベースの先端に合わせる」など、自分の打ちやすい位置に立つ。
速い球は「バッターボックスの一番捕手寄り」のほうが打ちやすい。

グリップエンドいっぱいに持てば遠心力を利用して飛距離が出る。ただ、バットをうまく扱えなかったら、ひと握り分、短く持つほうが振りやすい。

三振と四球

三振はストライク3つ、四球はボール球4つ。
ストライクは3度打つチャンスがある。
「ボール球を振らない」ことを4度続けたら4(フォア)ボールで一塁にいける。四球は安打と同じ価値がある。
いざ打席に入ると、低学年の子供たちは意外と数え忘れていることが多いので、「2ストライク」や「3ボール」になったら、周囲が言ってあげてもいい。

か つてはストライクから先にコールしたが、
2010 年から国際試合に合わせ、
ボールを先にコールするようになった。

コーチ棒

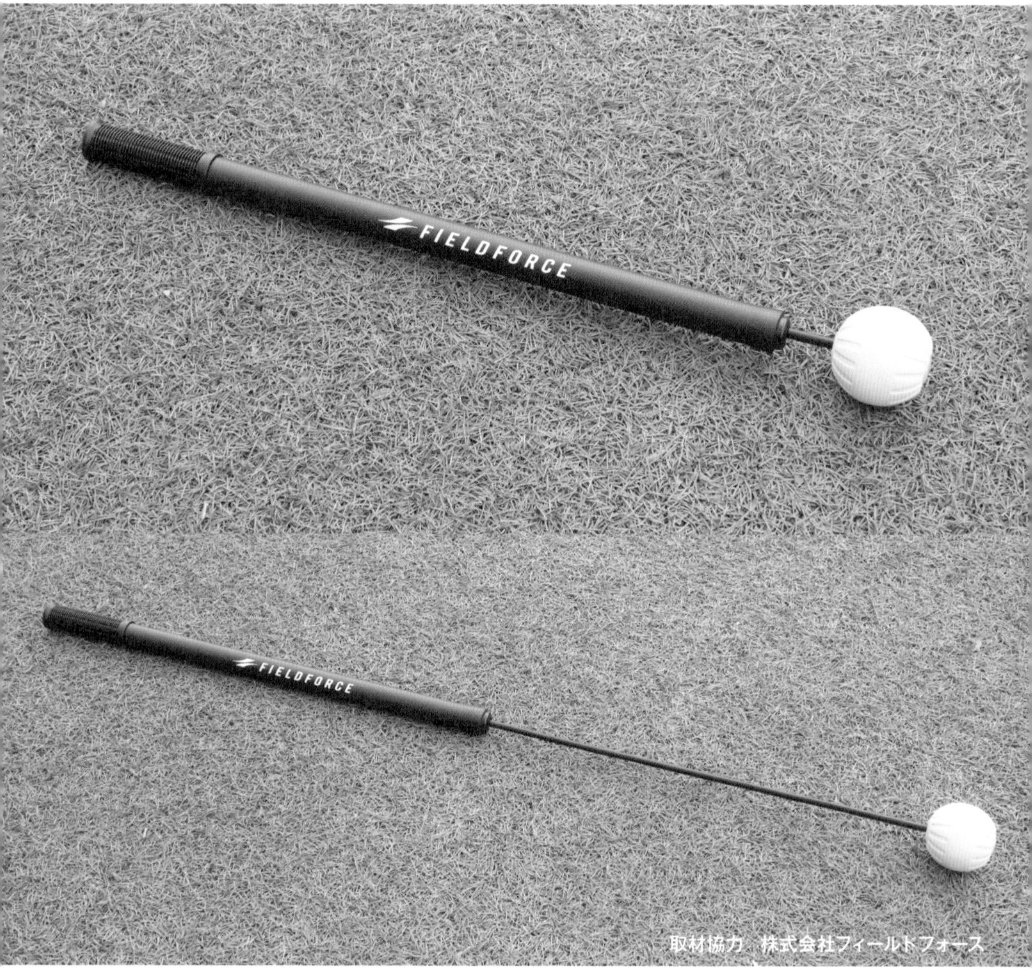

取材協力　株式会社フィールドフォース

「ストライクゾーン」を教えるのに最適な道具がある。
100 均ショップで「突っ張り棒」を購入し、
ゴムボールを付けて、ビニールテープでグルグル巻きにすれば
安価で作れるが、バットで打つのでどうしても壊れやすい。
そんなときのために「コーチ棒」が販売されている。

スイングの基本

1 構え

- バットを握るグリップは右肩の前。
- 体重は両足親指付け根に。両ヒザは柔らかく。

Side

Front

2 テークバック

- 前側の足を捕手側に引くステップ。
後ろ側の足に体重移動。
一方、バットは耳近くまで後ろ〈捕手寄り〉に
引っ張る（後ろ〈背中寄り〉はNG）。
- 打つ準備を先に作って「間（ま）」を長く作る。
「打撃に一番大事なのは、タイミング」だ。
極端な話、タイミングさえ合っていれば、
スイングの軌道が少々外（はず）れても投球に当たる。

3 トップ

- 最大限に力を蓄(たくわ)えた瞬間＝弓矢を引いたイメージ。
- ステップした前側の足を着地＝専門用語で「割れ」。
- 耳のすぐ近くからバットのヘッドを出す。
  バットの「振り出し」をいつも一定にする。

4 ミート・インパクト

- 下半身主導。軸足回転（後ろ側の足のかかとは上向き）。
- バットのグリップをまずヘソの前まで出す
  =インサイドアウト。
- ミート（投球をとらえる）
  =インサイドアウトでバットを出し、
  内角球も外角球もバットの真芯で当てる。
- インパクト=球に力を与える。

5 フォロースルー

- 手首はミートしたあと自然に返る。
- 振り切るほうが打球は遠くに飛ぶ。

スイングの角度

かつては「ダウンスイング」が推奨されていたが、最近は「フライボール革命」と呼ばれる打撃理論が流行していて、アッパースイング推奨に変わってきている。
「打球速度が158キロ以上、打球角度が26度～30度」。
要するにフライのほうが本塁打や安打になりやすいという理論だ。

しかし、小学生のうちはアッパースイングやレベルスイングなど、スイングの角度に固執するのではなく、バットのグリップの位置を高めにセットし、投球に最短距離で出すのがよい。

PART 1 打つ 07 中級編

好球必打

ストライクゾーンを4分割（内角高め、内角低め、外角高め、外角低め）して考える。
好きなコース、ベルト付近の打ちやすい高さの球は1球目から積極的に打っていく。
甘い球はそんなにくるものではない。

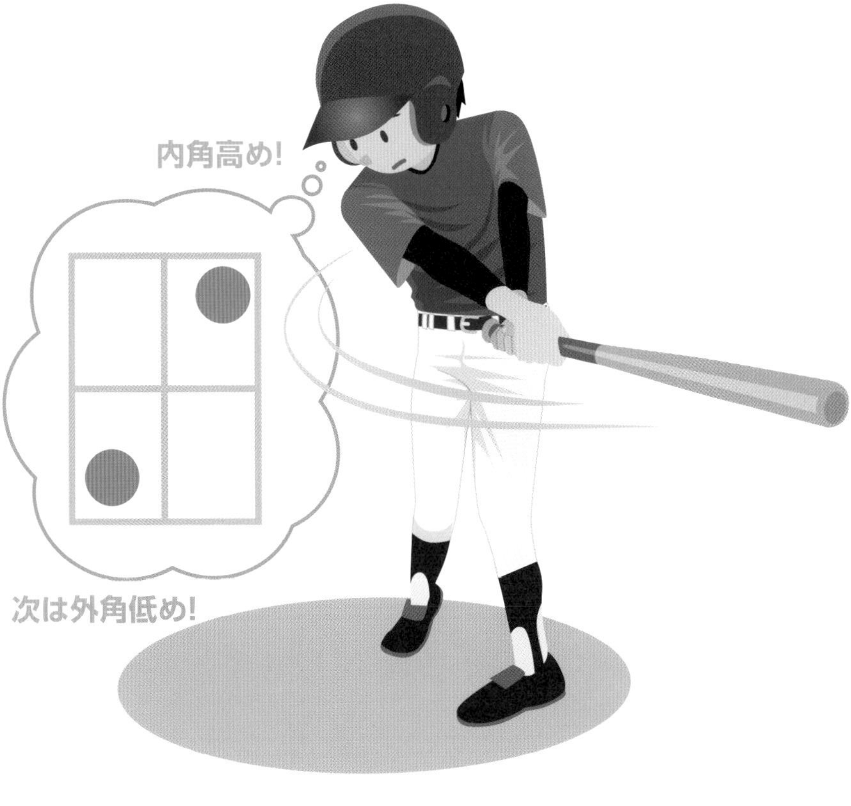

振り逃げ

子供たちに「教科書や本に正しいことが書いてあるから読んでおきなさい」ではダメ。
子供たちは「自分で何が分かっていないかが、分かっていない」ことが多い。
教え込む必要があるところは、言葉で説明して理解させる。
それ以外は考えさせることが大切だ。

「振り逃げ」の2つの条件
（振っても振らなくても「振り逃げ」と呼ぶ）

- **「3ストライクめ」を、捕手が落とすか、投球がワンバウンドしたとき。**
- **状況＝無死や一死では一塁走者がいないとき。二死の場合はいつでもOK。（例）一死二塁は「振り逃げ」OK。二死一塁も「振り逃げ」OK。**

低学年の場合、2ストライク後は、振っても振らなくても、投球にバットが当たっても当たらなくても、必ず一塁に走る習慣をつけさせるのも１つの方法だ。

打順を考える

1回表裏で 20 分を要すると仮定すると、
試合が 80 分制の場合、4回表裏終了時で制限時間になる。
安打や四球が出なければ、2巡目は3番打者までしか打順が回らない。
少年野球の低学年チームでは、好打者は4番に置かなくても、
1番から順に並べるくらいでもいい。

少年野球では、投手の「立ち上がり」が特に不安定なため、
試合前の先攻後攻の選択は、
「1回表」の攻撃が得点の可能性は高く、
試合展開は絶対的に有利に運ぶ。

バント

構え

投手に正対する構え。

または、本塁ベースに並行に立ち右足を引く「クローズドスタンス」での構え。

内 角高めのストレートを想定し、どのコースの球にも
「目とバットの距離」は一定にする。

投球を当てる場所＝右手とバット先端の中間（バットの赤い印あたり）。

投球の高低は、ヒザを柔らかくして対応する。

バットの持ち方

【右手】

**バットの真ん中あたりを、5本指、または3本指で、
投球をつかむようなイメージで当てる。**

【左手】

**バットのグリップエンドからひと握り短く持つ。
一塁側か三塁側か、打球を転がす方向を操作する。**

**右手と左手をくっ付けてバットを持つと、
球威に押されるので注意する。**

教えて 井端さん

通算1912安打の打撃

井端弘和選手は、現役時代に通算1912安打もマークしている。身長173センチ73キロとプロとしては小柄な部類で、安打を量産した秘密を聞いた。

三冠王はダウンスイング？

――かつてはダウンスイングが推奨されていたのに、昨今ではアッパースイングがもてはやされています。80年まで現役だった王貞治さん（巨人）は、ダウンスイングで通算８６８本塁打を放ちました。

井端　王さんの現役時代の打撃フォームをYouTubeで観ました。下から出るスイングのクセを修正するための「意識づけ」として、「ダウンスイングで練習」していたのだと思います。

打者は1度のスイングでも「ダウンスイング→レベルスイング→アッパースイング」の軌道で打っている人が多いです。どうしてもアッパー気味になるので、おそらく練習はダウンスイングで素振りをしていて、本番の試合ではちょうどいいくらいだったのでしょう。

98年まで現役を続けた落合博満さんも「俺はダウンスイングだったよ」と言っているのを中日監督時代に聞きました。しかしYouTubeで観た選手たちの間では「落合監督の現役時代、スイングはアッパー気味だったよね」と意見は一致したものです（笑）。落合さんも「意識づけ」としてダウンスイングだと言い、練習していたわけです。

子供たち全員に練習でダウンスイングを強制しろというのではありません。つまり、選手の特徴を見抜く側、指導する側が子供たちにどうアドバイスしてあげるかの問題だと思います。その選手がクセを修正できるように、あえて真逆のことを言ってあげるのも1つの練習法かもしれません。

バットのグリップの位置は？

――では、バットを持つグリップの高さはどのあたりがいいのでしょうか。

井端　ストライクゾーンの上限より高い位置にあればいいと思います。「ストライクゾーン高め一番上」よりもグリップが下にあったら、そこから「高め一番上」の投球を打ちにいくのは難しいでしょう。だから、右肩の前あたりでしょうか。雨の日に傘を持つことをイメージしてみてください。一番楽な状態で力を入れないで握っているはずです。

打席に入る前の準備は？

――井端さんが打席に臨むにあたり、注意していたことは何でしょうか。

井端　ネクストバッターズサークルにいるときから、投球に対してタイミングをはかって準備していました。1番打者の場合、打席に立って、1球目からいきなり打ちにいかなくてはならない場面もあります。

僕は2番打者を打つことが多かったのですが、1回表いきなり走者一塁、投手がクイックモーションで投げてくるケースも想定していました。

少ない空振り、ファウルで粘るコツは？

――井端さんは空振りが少ないことに定評がありました。「空振り率1位」（空振り数÷スイング数）のシーズンが現役時代に3度。10球振って、空振りは1度くらいです。

井端　たぶん他人より「球を長く見よう」という意識が強かったのだと思います。極限まで引きつけてスイングしましたから空振りが少なく、ファウルで粘れたのでしょう。一方で「長打を狙えば打てますよ」という技術は身につけていたつもりです。

――日本プロ野球史上、最もコントロールがいい（9イニング平均1・26与四球）上原浩治投手（巨人）が、粘って四球を選ぶ井端選手を苦手にしていました。粘るコツは何ですか？

井端　2ストライクに追い込まれたら、基本的に「相手のウイニングショット（フォークボール）を8割意識しながら、速いストレートがきたときはファウルで逃げよう」という対応になっていました。

さらに、ふだんから何とか1球でも多く投げさせよう、四球を取ろうと、ファウルを打つ練習をしていました。「投球のどこを打ったらどういうファウルになるのだろう」――内角球、外角球、ストレート、変化球。いろんな球をたくさん打ってみました。やはり練習しないと上手くはなれないですから。

左投手の投球は引っ張ってもいい？

——井端さんは「左投手キラー」「右打ちが上手い」こともデータに表れていました。少年野球の場合、左投手を打てない選手が結構多いと思います。どうすればいいですか。

井端 それは慣れの問題だと思います。右投手と比べたら左投手の絶対数が少ないので、左投手対策の練習さえできないのです。よく「左投手を打つコツは、センターから反対方向だ」と言われますが、逆に僕は思い切って引っ張ったほうがいいのではないかと思います。

なぜなら、右打者に対して左投手の投球は、体側に入ってくる球が多いので引っ張りやすいのです。ただ、左投手の外角球を無理に引っ張ると引っ掛けてしまうので、外角球に関してはそのままセンターから反対方向に打つというイメージでいいと思います。

内角球でも「インサイドアウト」？

——「右打ちのコツ」はどうでしょうか。

井端 投球の内側に、バットのグリップを入れることです。どんな投球であれ、本来そうやって引っ張る。そうやってセンター返し。そうやってライトに流し打つ。

結局「インサイドアウト」なのです。内角球でも、バットを外から回して投球を打ったら、なかなかフェアになりづらいものです。

力を抜いて打つことが「ヒットを打つコツ」？

——井端さんは、小柄でもなぜ力負けしないで安打を打てたのですか？

井端 （逆に、余分な）力を入れないことですかね。インパクトの瞬間にだけ、お腹などの体幹で力を全部入れるわけです。

例えば、吉田正尚選手（オリックス→レッドソックス）はあの小柄な体（173センチ85キロ）で、全部の力をインパクトの瞬間に集中して出せているから、あれだけ打球を飛ばせるのかなと思います。体重があるとはいえ、中村剛也選手（175センチ102キロ）も、スイングの最後のフォロースルーまで無駄な力を抜き、どこで力が入っているのか分からないほど脱力してスイングしています。

投手も力を入れるのは、球を離すリ

リースの瞬間だけと聞きます。

打者はインパクトの前、バットの振り出しの段階で、特に腕とか背中とか上半身に力が入ったら、スイングにブレーキがかかるので、なかなか安打を打つことができないと思います。

ブレーキがかかると、バットのヘッドの走りは遅くなります。バックネット裏にいい当たりのファウルがいくと、「タイミングは合っていましたね」とアナウンサーがよく話します。しかし、僕は内心、「いや今のファウルは、力が入ってスイングにブレーキかかっていたんだよ」と思っています。

むしろ、内野に高いフライが上がった打球こそ、打ち損じで惜しいと思います。力が入らず、タイミングはドンピシャだったのに、少しミートが外れてしまった感じですね。

バントのやり方を覚えておく?

――「少年野球のバント」に関しては賛否両論あります。

井端　バントは「試合で使う、使わない」は別として、やり方は覚えておいたほうがいいと思います。同点で延長タイブレークの状況になれば、必要な場面が出てきます。国際試合になれば、プロの主力打者にでも送りバントのサインは出ます。

WBCで大谷翔平選手が（セーフティー）バントで走者を進めた場面もありました。

ただし、「長打が打てないから小技」という考え方は賛成ではありません。小学生は身長もまだまだ伸びる。小柄でも本塁打は打てる。門田博光さん（南海ほか）は170センチ弱ながら王貞治さん（巨人）、野村克也さん（南海ほか）に次ぐ史上3位の通算567本塁打を放ちました。吉田正尚選手（オリックス→レッドソックス）にしてもプロでは小柄な173センチでフルスイングをして本塁打を狙います。

中学、高校、大学、社会人野球……と、レベルが上がるにつれ、自分が好きに打てる機会は減っていきます。未来のある選手なのですから、「一生懸命練習してきた発表会の場（試合）」では、なるべく初球から思い切り打たせてあげたいし、思い切り振ってほしいのです。

打つ練習法

ティーバッティング（置きティー）

ティーの上に置かれた「止まっている球」をよく見て、ネットに打ち返す。

タイヤ叩き

ミートのときに球威に負けない手首を鍛える練習になる。
やみくもに叩くのではなく、タイヤに印をつけて狙い打ち、
ミートを心がける。

ティーバッティング（トス）

ネットの脇からトスしてもらった「動いている球」をネットに打ち返す。

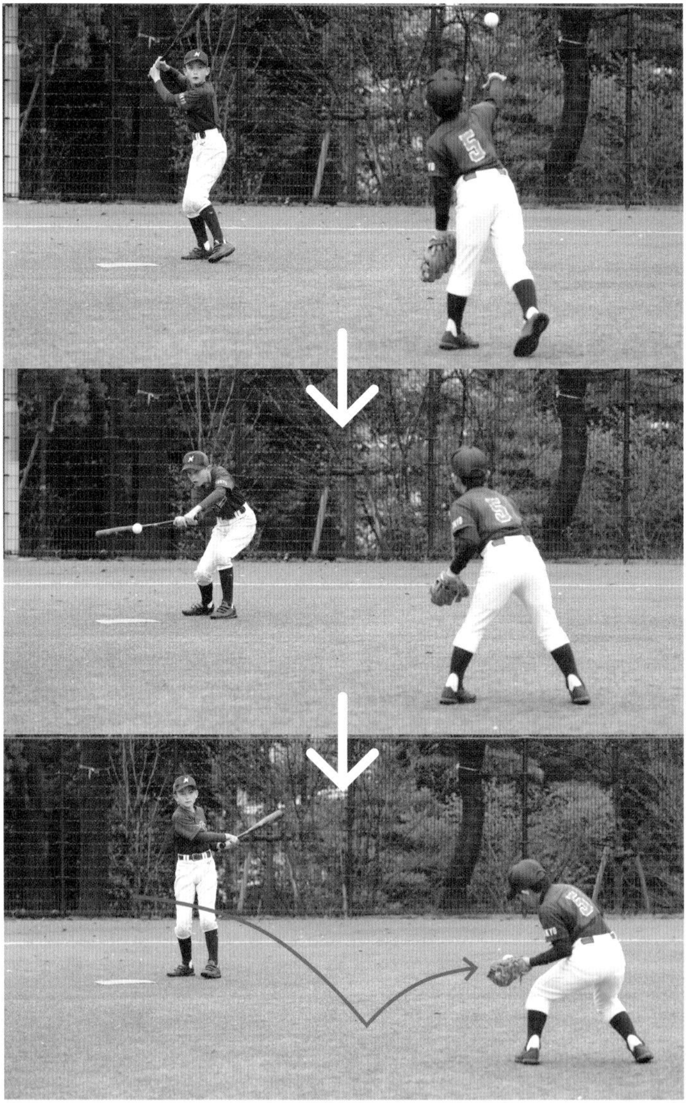

2人1組ペッパー

1人が打者、1人が投手。投手が投げたボールを、打者はワンバウンドで投手に打ち返す。本番では必ずしも好きなコースには来ない。「全部振る」「全部当てる」練習。

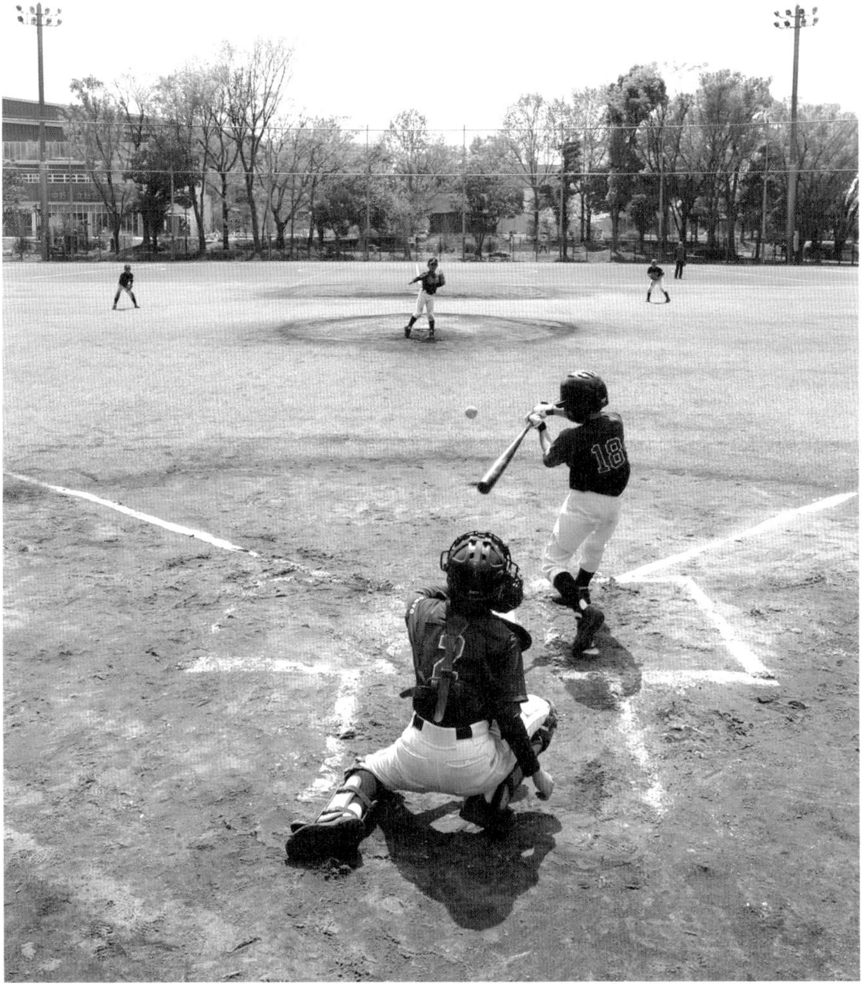

シートバッティング

9人が守る試合形式、投手と打者の実戦形式。
カウントを「2 ボール1ストライク」や
「3ボール2ストライク」などに設定し、
3打席目は一塁に走るなど、走塁面も練習する。

スイング（素振り）＝ストライクゾーンを4分割（9分割）

やみくもに数をたくさんスイングすればいいというものではない。
100回振るよりも 30 回でいいので、内角高め、内角低め、外角高め、
外角低めのストライクをイメージしてバットを振る。

スイングのフィニッシュで3秒止める

投球が来るのを想定するのはいいが、
軸になる頭を動かさないように注意して振る。
軸足を回転させ、腰を回転させる。
「振り切りフィニッシュで3秒くらい止める」。
なぜなら、いいフォームでないと、フィニッシュが決まらないから。
フィニッシュが決まれば、打撃フォームを固めることにもつながる。
体幹も鍛えられる。

バッティングセンターは現在、20球～30球で 200円～300円が相場

1 球 1 球の間隔が短いので、
極論だが、1球おきに打って「フィニッシュ」を決めるのも、
上達の意味ではかなり有効かもしれない。

打撃フォームの連続写真をスマートフォンで撮る

自分の打撃フォームを、ガラスの正面に映しながらスイングする。
野球雑誌にもよくあるが、スローモーションやコマ送りで見てみると、
バットを持つグリップが下がったり、早く体が開いたりなど、
欠点・長所が一目瞭然だ。
ときには、スローモーションやコマ送りでスイングしてみる。

自分で限界を作らない

少年野球時代は、1試合に1安打などと小さな目標ではなく、
全打席本塁打、全打席安打を打つくらいの大きな気持ちで
打席に臨んでほしい。

PART 2

走る

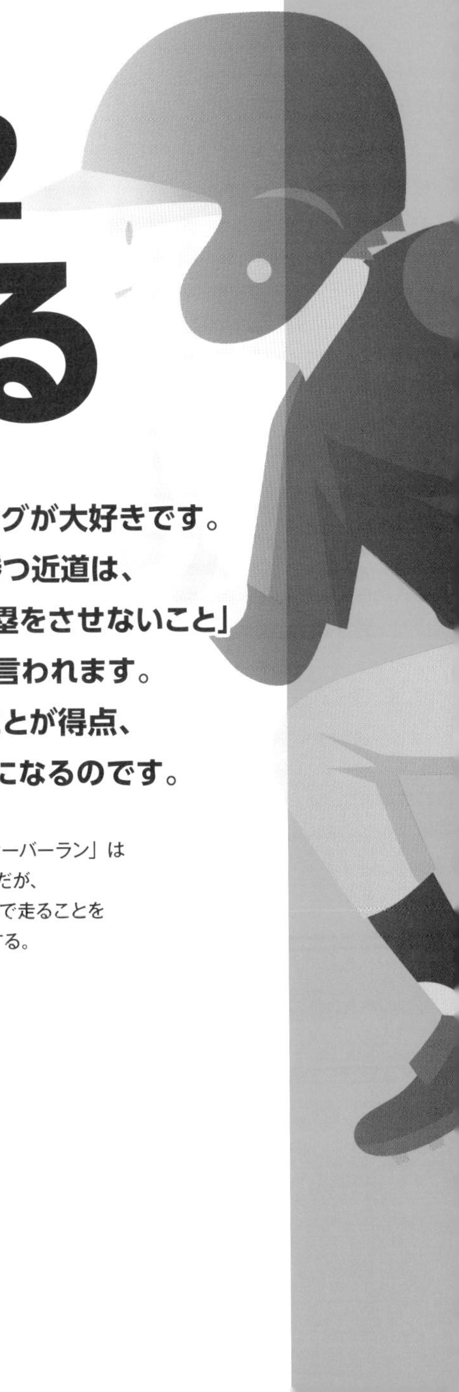

子供たちはベースランニングが大好きです。
少年野球で試合に勝つ近道は、
「四球を出さないこと」「盗塁をさせないこと」
「盗塁をすること」と言われます。
走塁技術を高めることが得点、
すなわち勝利への近道になるのです。

※「公認野球規則」における「オーバーラン」は
いわゆる「駆け抜け」のことだが、
本書では二塁を狙って膨らんで走ることを
「オーバーラン」として説明する。

一塁に向かう

1

2

5

6

打ち終わって走るとき、打球の方向を少し見る。

なぜなら、一塁を「駆け抜ける（内野ゴロ）」か「オーバーラン（安打）」か、瞬時にどちらかを選択する必要があるからだ。

3

4

7

8

一塁駆け抜け

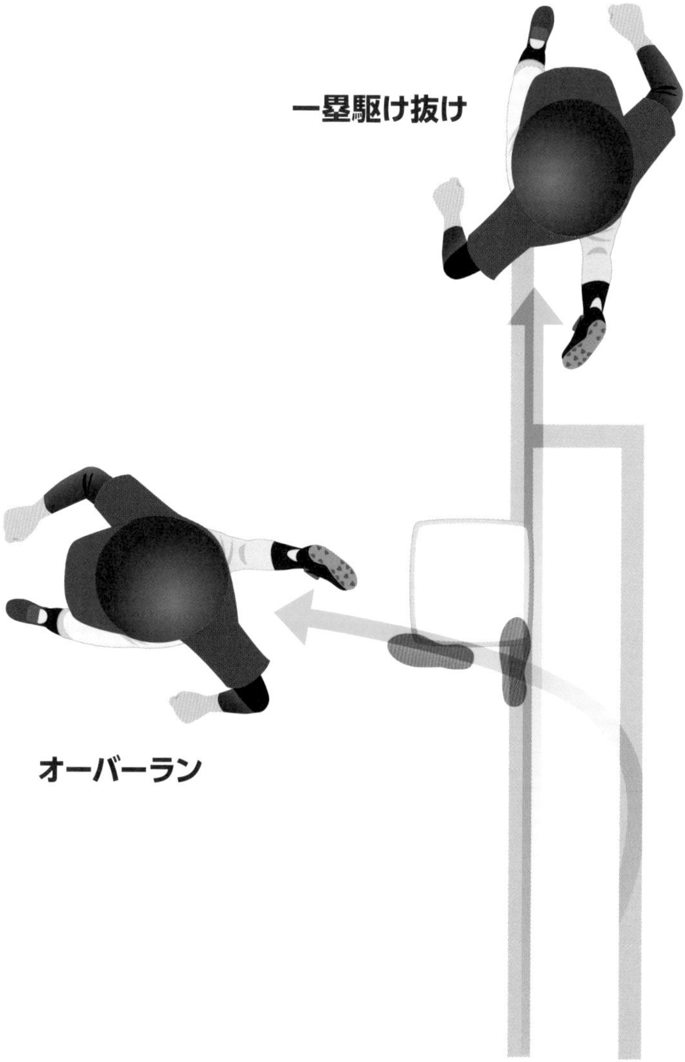

内 野ゴロなど、セーフかアウトか間一髪の場合、一塁を駆け抜ける。特にライト前の打球は、「ライトゴロ」の危険性があるので、セーフとコールされるまでスピードを緩めない。

振り逃げ時や、捕手前に転がったゴロなどは、打者走者は「一塁守備に対する守備妨害」にならないように、本塁—一塁間の後半は「スリーフットライン」の中を走る。

打ったあとの一塁だけは駆け抜けて、ベースから離れることが許される。ファウルゾーンに向かって駆け抜け後、打球・送球がどこにあるか確認する。送球がそれていたら、二塁に向かう。ただし、二塁に向かう動作を見せたときは、ファウルゾーンにいてもタッチされればアウトなので、二塁を奪えないと思ったときは、すぐ一塁に帰ることが必要だ。

一塁手との衝突を防ぐために、「一塁駆け抜け」は左足のほうががよいが、
左足でも右足でも、
一塁ベースの右端を踏んで駆け抜ければ、
一塁手との衝突は防げる。

オーバーラン

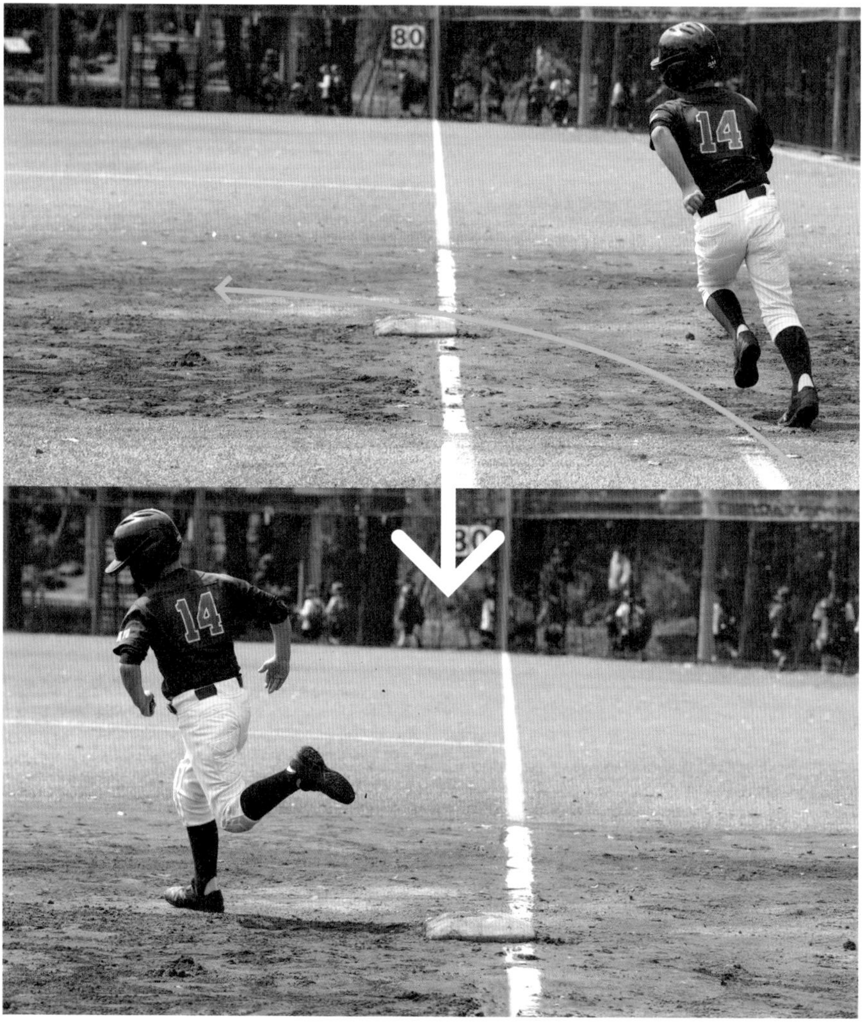

安 打と分かった瞬間、一塁ベース前方で右に膨(ふく)らんで、二塁をうかがう。外野手がファンブルしたら、その隙(すき)をついて積極的に二塁を陥(おとしい)れるつもりで走る。

左足で一塁ベースの手前左角を踏む。
左足で踏んで、体を内側に傾けたほうが回りやすい。
（つまり、「一塁駆け抜け」も「オーバーラン」も
左足で一塁ベースを踏むのがよい。）
ただし、「一塁駆け抜け」も「オーバーラン」も無理に
左足で踏もうとして、一塁ベース手前で「小刻みステップ」や
「ジャンプ」をして、スピードが落ちてアウトになるくらいなら、
そのまま右足で踏んだほうが速い。

走る練習法

ストップウォッチで「一塁駆け抜け」「二塁まで」のタイムを計測する。
「本塁スタート組」と「二塁スタート組」の2組に分かれて、「ベースランニング・リレー」。
直角に回るのが最短距離で一番速いのだが、物理的にそれが不可能なので、ベース前で前もって大きく回っておいて、ベース後は小さく回る。
「1歩を減らす」ことで、クロスプレーのアウトがセーフに変わる。

1年生には「一塁は駆け抜けていい」「二塁と三塁は止まらなくてはいけない」と説明しても、まだ理解が及ばない。ただでさえ集中力が持続する練習は2時間が限度でもある。これが2年生になると、不思議と理解できるようになる。

投手の投球を打つ必要がなく、ティーの上に球を置いて、打って走る。また、リードや盗塁がない「ティーボール」という競技は、低学年が走塁の基礎を学ぶには最適である（NPO法人日本ティーボール協会）。
http://www.teeball.com/syougakuseishidou/

- **ひと昔前はアナログな「野球盤ゲーム」だったが、最近は「デジタル野球ゲーム」が、走塁の基礎を覚える1つの手段である。**
- **スライディングの練習は、体育館の床だとソックスはよく滑るので、体育館使用が可能ならばお勧め。その他、外野の芝生、砂場など、臨機応変に。**

一塁走者の「第1リード」

- 2〜3メートル（1メートル+自分の身長くらい）。
- 「右足、左足、右足、左足……」と交互に少しずつリードを広げる「サイドステップ」、または「バッククロス」でリードを広げる。
- 「バッククロス（右足の後ろに左足を運ぶ）」なら投手から牽制がきても戻れる。
- 「フロントクロス」（右足の前に左足を運ぶ）」だと投手から牽制がきたときに戻れない。

投手が投球モーションに入る前に、走者が一塁ベースを離れるのが「第1リード」である。第1リードはセーフティーリード、つまり、どんな牽制がきても戻れる位置までのリード。

- 公認野球規則＝「左投げ、右投げ、いずれの投手でも、自由な足を振って投手板の後縁を越えたら、打者へ投球しなければならない」。
- 逆に言えば、左投手は、後縁を越えるか（＝投球）越えないか（＝投球 or 牽制球）、すれすれのところに右足を上げて、一塁走者を惑わすことが多い。
左投手の右足が投手板の後縁を越えない場合は、牽制球が来る可能性がある。

一塁走者に盗塁のサインが出ているとき

第1リードから「次の1歩」を踏み出した瞬間、投手は一塁牽制アウトを狙っている。
だが、次の1歩を踏み出さないことには始まらない（ゴー）。
二塁盗塁に積極的にチャレンジするべし。

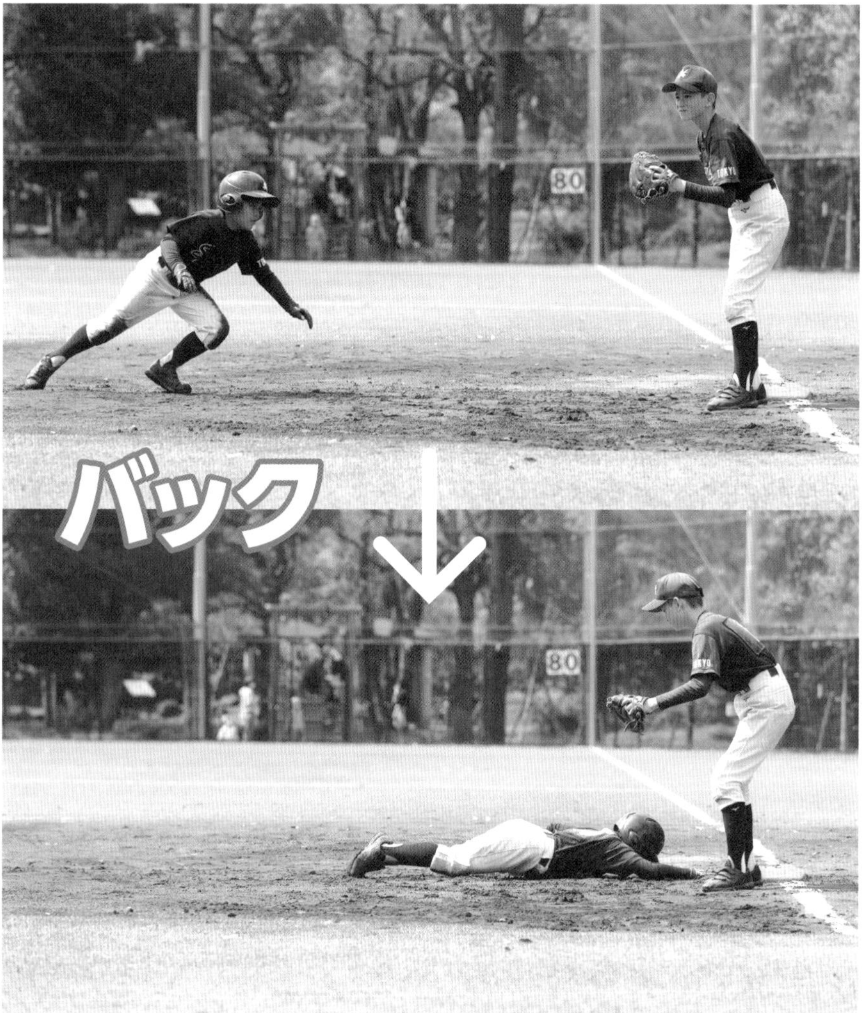

「第1リード」で、投手が投手板から（右投手の場合）右足を外したらバック。投手が投手板から右足を外さないで、そのまま一塁牽制してくるときもある。一塁走者は、足から戻れるリードならまだ余裕がある。際どいときは右手から戻る。投手の牽制の速さや巧拙を、一塁牽制球がきたときに、つかんでおく。「第1リード」後、投手の左足（右投手の場合）が上がったら、二塁にスタートを切る。

一塁走者に盗塁のサインが出ていないとき

「第1リード（2～3メートル）」＋（投手の左足が上がったら）「2、3歩助走」。

投手が投球モーションに入ったと同時に広げるこの「2、3歩助走」が「第2リード」だ。一塁走者に盗塁のサインが出ていないとき、一塁走者の「第2リード」は特に大事である。

走者は第2リードのあと、打球を見る。ゴロならゴー。ライナーならバック。フライならハーフウエイ(一・二塁の中間点)。

投手のワイルドピッチや捕手がパスボールしたとき、第2リードを取っておけば、勢いでそのまま二塁に進める。打者が打たなかったら、捕手からの一塁牽制球でアウトにならないように素早く戻る。ファウルだったらベースタッチを忘れずに(ボールデッドなので、プレーは最初から)。

二塁、三塁にはスライディングをする(走っていて急に止まれない)。ベースは言わば「安全地帯」であり、ベースを飛び越してタッチされたらアウトだ。

二塁走者

二塁手、遊撃手が二塁ベースに入る牽制球に注意して、第2リードを大きく取れば、安打でホームインできる可能性がかなり高くなる。
ふだんの走者付きノックの段階から、「二死二塁。外野手前へのシングルヒットでホームイン」の気持ちで走塁練習をする。
自分が走者以外のときも、「ゴー」「バック」と声を出すことで「打球判断」の感性を磨く。

三塁走者

三塁でのリードはファウルゾーンで取る。フェアゾーンで打球に当たると、三塁走者は守備妨害でアウトである。三塁走者は、「第2リード」を大切に。投手のワイルドピッチや捕手がパスボールしたとき、勢いでそのままホームインできる。

三 塁走者は、自分が生還しても同点に追いつかないときは無理をしない（特に無死）。

二死満塁カウント3ボール2ストライクのときは、
投手が「投げたらゴー」。（打者も積極的に打ってくる場面なので、打球が当たることに気をつけて三塁走者はファウルゾーンを走る。）

- **どうしても1点欲しいとき、打者が打ったら走者は必ずスタートを切る「打ったらゴー」（ギャンブルスタート=ライナーで戻れなくても仕方がない）。**
- **無死または一死、打球が転がったら走る「ゴロ・ゴー」（打つ前のベンチの指示に従う）。**
- **三塁走者は、無死または一死でフライが上がったとき、三塁ベースに素早く帰り「タッチアップ」の準備をする。**

スライディング

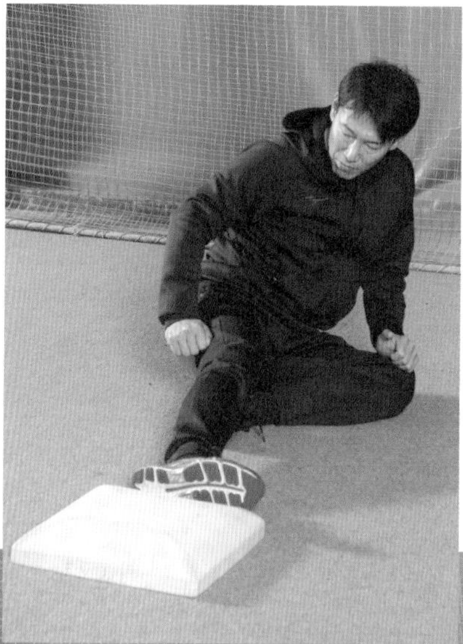

盗塁は「3Sが重要」と言われる。スタート（START）、スピード（SPEED）、スライディング（SLIDING）だ。

「第1リード」からスタートを切ったら両腕を振り、最初の3〜5歩で加速、いち早くトップスピードに入る。

中間疾走から、最後までスピードが落ちないようにスライディングする。

左右どちらかの足を折りたたみ、もう一方の足を伸ばして、曲げたヒザを滑らせる。

2 スピード
（中間疾走）
1 スタート
（右足に体重）

教えて

井端さん

通算149盗塁の走塁技術

井端弘和選手は、現役時代に通算149盗塁、しかも「1シーズン20盗塁」を3度もマークしている。盗塁のコツは何なのだろう。

盗塁のコツは「スタート時の集中力と思い切り」？

――「1シーズン20盗塁」はなかなか難しい数字だと思います。

井端　私は特別、俊足だったわけでもないし、タイミングだけですよ。盗塁というくらいだから、「投手のクセや隙を盗む」「塁を盗む」のが、走るコツですね。

二塁に盗塁してアウトになるのも、一塁牽制でアウトになるのも、アウトはアウト。1アウトに変わりはないので、「割り切る」「思い切って走る」気持ちも必要だと思います。「迷ったら二塁にGO！」です。

1番打者のときは出塁したら走る機会をジックリうかがっていましたが、2番打者のときは、次にクリーンアップが控えているので、ストライクを2球も3球も待ってくれるわけではありません。スタートに集中して、「走るなら初球だけ」と自分の中で決めていました。

投手のどこを見てスタートを切るのか？

――福本豊選手（阪急）や青木宣親選手（ヤクルト）から、セットポジションの投手を「ボンヤリと全体像で見ていると、投手の動く位置が浮き上がってくる」と聞いたことがあります。

井端　そうですね。1点だけを凝視すると、自分の体が固まって、動けなくなります。だから、投手の全体像をボンヤリとシルエットで見ます。

そして、打者への投球時の「予備動作」はどこが最初に動くのかをよく見ていました。足からか、手からか、頭から動くのか。そこが動けば、二塁へのスタートを切っていいわけです。ただ、クイックモーションが速い投手は、なかなか走りづらいですね。

――投手のクセは、スコアラーや動作解析スタッフが発見するのでしょうか。クイックモーションが速かった投手として思い出されるのは誰でしたか？

井端　いえ、スコアラーより、ずっと近くで見ている一塁コーチャーです。ただ、投手も次の試合ではクセを必ず修正してきます。クセをすぐに修正できない投手はプロで勝てないですよ。

一塁牽制が上手い投手は、一塁走者を油断させたり、「大きなリードを取れ」と誘ってきます。走者をずっと見ている投手は牽制してこないものですよ。逆に、捕手の「球種のサイン」に首を振ることで、「もう牽制はないですよ。打者に投げますよ」と思わせておいて、走者にほうってくるといった具合です。

「3.0秒」の攻防？

――かつては古田敦也捕手（ヤクルト）、矢野燿大捕手（阪神）、谷繁元信捕手（横浜→中日）、中村武志捕手（中日→横浜）、阿部慎之助捕手（巨人）ら強肩捕手がそろっていましたが、60個以上の盗塁王は05年赤星憲広選手（阪神）が最後。以降、盗塁王の盗塁数は30個前後を推移しています。

井端　盗塁阻止はバッテリーの共同作業です。特に投手の分業制が進み、どのリリーフ投手もクイックモーションの技術向上が顕著ですね。リリーフ投手が二塁盗塁されたら、いきなり走者二塁のピンチを背負うことになりますから。先述したように、クイックモーションが速い投手は、やはり走りづらかったですね。

「クイック投球（最近は約1.1秒）」＋「捕球→送球→二塁到達（1.8秒）」＝計2.9秒。一塁走者の盗塁成功率は・650前後。逆に言えば、盗塁阻止率・350が強肩捕手の一つの目安です。

私の現役時代では「スーパー・クイック」と呼ばれたのが、久保康友投手（ロッテ→阪神→DeNA）。同僚の浅尾拓也投手（中日）も速かった。捕手の送球がそれるのを期待するか、変化球のときを狙うしかなかったですね。クイックモーションにあまり執着しない外国人でも、マクガフ投手（ヤクルト→ダイヤモンドバックス）は速かったです。

いずれにせよ、いろいろなタイミングで投球できる投手は、こちらも投球か牽制球か判断しづらい。つまり、スタートのタイミングがつかめないので走るのは非常に難しいです。普通に走ったらアウトだと思います。だから一時に比べ、盗塁王の盗塁数も減っているのです。

左投手の牽制は?

——振り向きざまに一塁牽制球を投げてくる右投手のほうが、帰塁しづらいですよね。

井端　しかし、右投手は左足を上げた瞬間にスタートを切れます。一方の左投手は、投手板の後縁を越えるか(=投球)越えないか(=投球 or 牽制球)、すれすれのところに右足を上げて、一塁走者を惑わせます。リードは取れてもスタートが切りづらい。だから、どうしても左投手のほうが、スタート時のギャンブル的要素は高くなります。

ただし少年野球では、アウトにならないようにリードを小さくするなど、無難で済ませていたら結局好走塁はできません。止まるのは、いつでも止まれます。「各駅停車」ではなく、果敢に攻めていってほしいです。

「二塁盗塁」を絡めると得点に結びつく?

——無死で走者が出て、1アウトずつと引き換えに進塁していっても、一死二塁、二死三塁、次はスリーアウトチェンジです。二塁盗塁は価値が高いですよね。

井端　はい、二塁盗塁を絡めれば、無死二塁、一死三塁、そして内野ゴロでも得点が可能なのです。

プロの話で恐縮ですが、22年セ・リーグのチーム盗塁数は阪神が4年連続1位。計110個のうち、近本光司選手30個、中野拓夢選手23個、島田海吏選手21個と、3人が先陣を切りました。

パ・リーグはチーム盗塁数132個のロッテが断トツ。チーム打率.231はリーグ5位でも盗塁を得点に絡め、チーム得点はリーグ3位。二塁盗塁を得点に絡めました。

私は16年から3年間、巨人の守備走塁コーチを務めました。言わんとすることは、前の塁を狙う積極的な姿勢が、チーム全体に波及効果、好影響をもたらすということです。

PART 3

投げる

野球の華の1つに
「速い球を投げること」があります。
しかし、大事なのは「やみくも」に投げないことです。
投手、捕手、内野手、外野手、どのポジションであっても
目標に向かってコントロールよく
「正確」に投げることこそ一番大事なのです。
「正確」に「速い」球を投げることを心がけましょう。

ボールの握り方

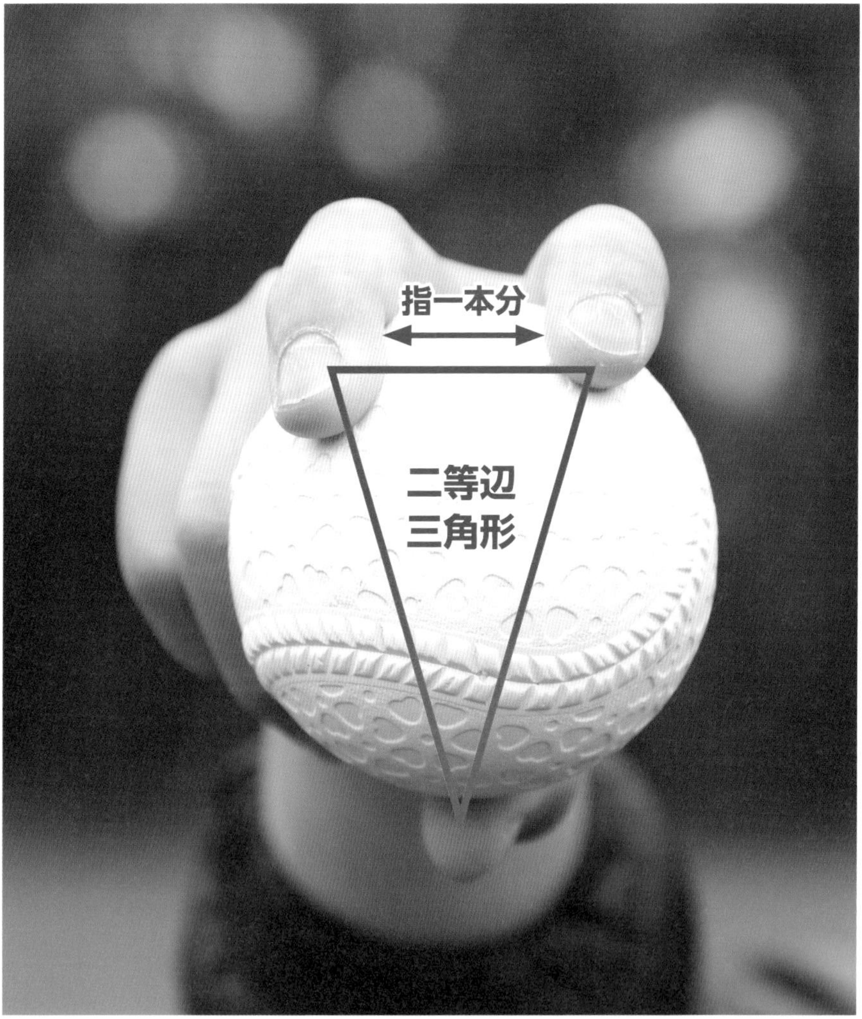

親指、人差し指、中指の3本指で握る。鷲づかみはNG。
人差し指と中指の間は、指1本分あけて指の「腹全体」でそっと握る。
親指は、「人差し指と中指」の反対側真ん中、下に。
親指の爪の右端上に球を載せる（二等辺三角形のイメージ）。

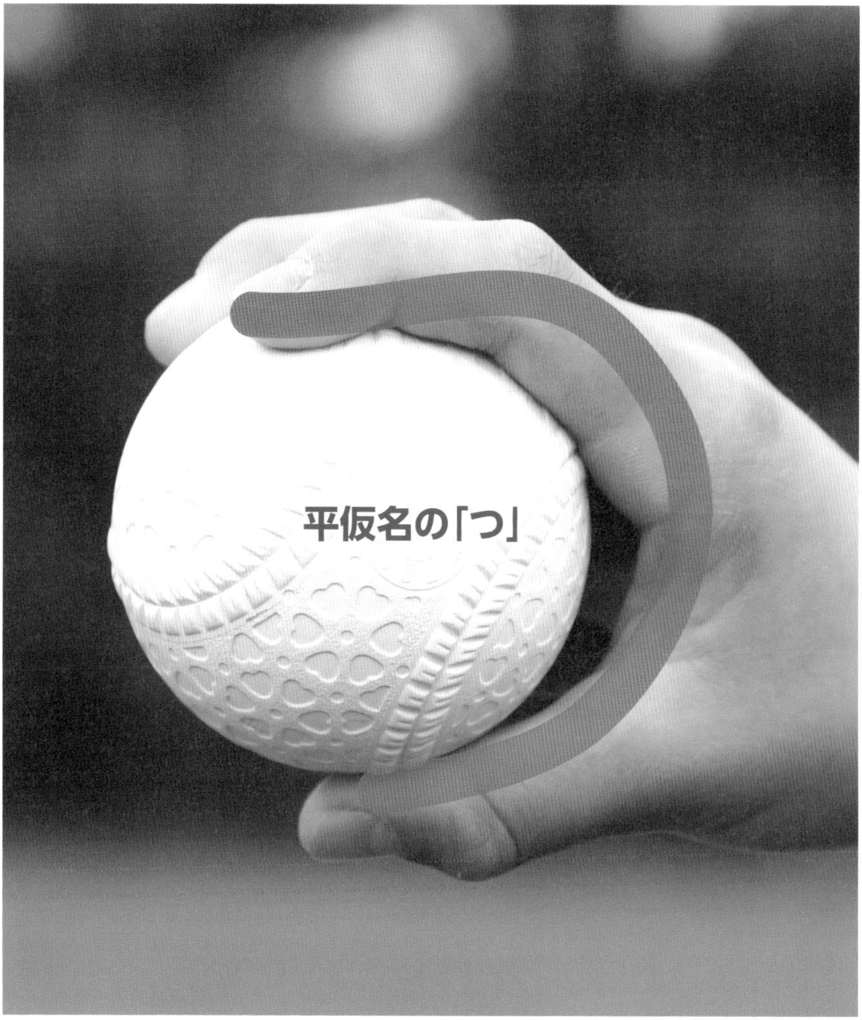

横 から見ると、右利きは平仮名の「つ」。
左利きはアルファベットの「C」の形を作る。
手首を柔らかく使って投げる。

PART 3 投げる 02 初級編

スローイングの基本

野球をやり始めたばかりの子供と親がキャッチボールをすると、親は子供に正対して、そっとスナップスローで投げがち。
それを見て、子供が真似をしてしまう。
「スローイング」とは、軸足にしっかり体重をのせ、
投げる方向にステップして、球を持った利き腕を振ること。
地面に「Tの字」を書く。❶最初は「短い線」に沿ってセットポジション時の
投手板のように両足をそろえる。❷次に「長い線」の方向に左足をステップして投げる。

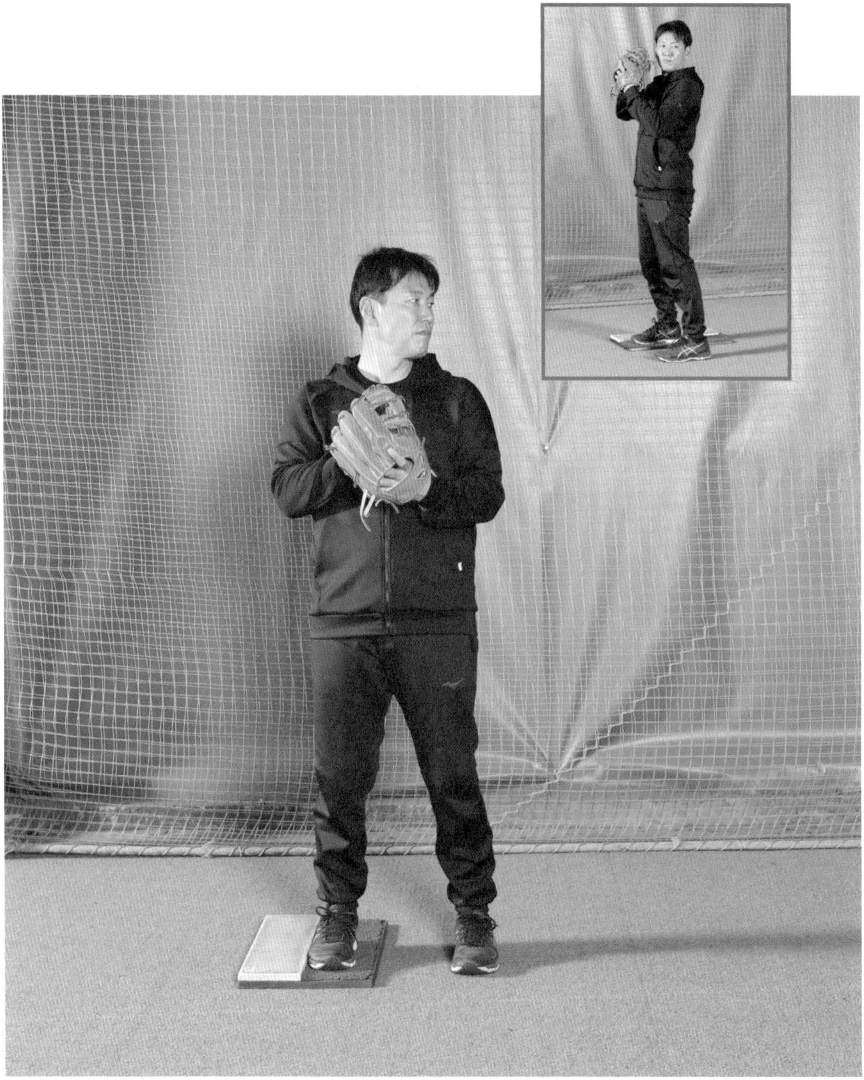

1 セットポジション

**ホームベースに対して90度の向き。
ボールを体の前で保持して静止した状態から
投げるのが「セットポジション」。**

2 左足を上げる

「軸足体重」が大事。右足に体重をしっかりのせる（練習では、左ヒザを直角に曲げ、右足体重で、3秒くらい止める意識で）。

3 テークバック

左足着地。歩幅は肩幅の1・5倍（投手板の前縁から踏み出し位置まで約6足）、右ヒジは鋭角、肩以上の高さ。ボールは耳の近く（打撃の「割れ」と同じポジション）。

4 リリース

投げる方向へ左足をステップ。
相手の胸をめがけ、胸を張って、
ヒジから出すイメージで。前に突っ込まない。

5 体を回転スロー

1から、ヘソが90度回転して、捕手方向を向く。右腕は、左脇腹の方向に斜めに振る。グラブは左脇に抱え込む。体重移動、今度は左足にしっかり体重をのせる（練習では、左足に体重をのせ、右足を宙に浮かせたまま、3秒くらい止める意識で）。

投げる練習法

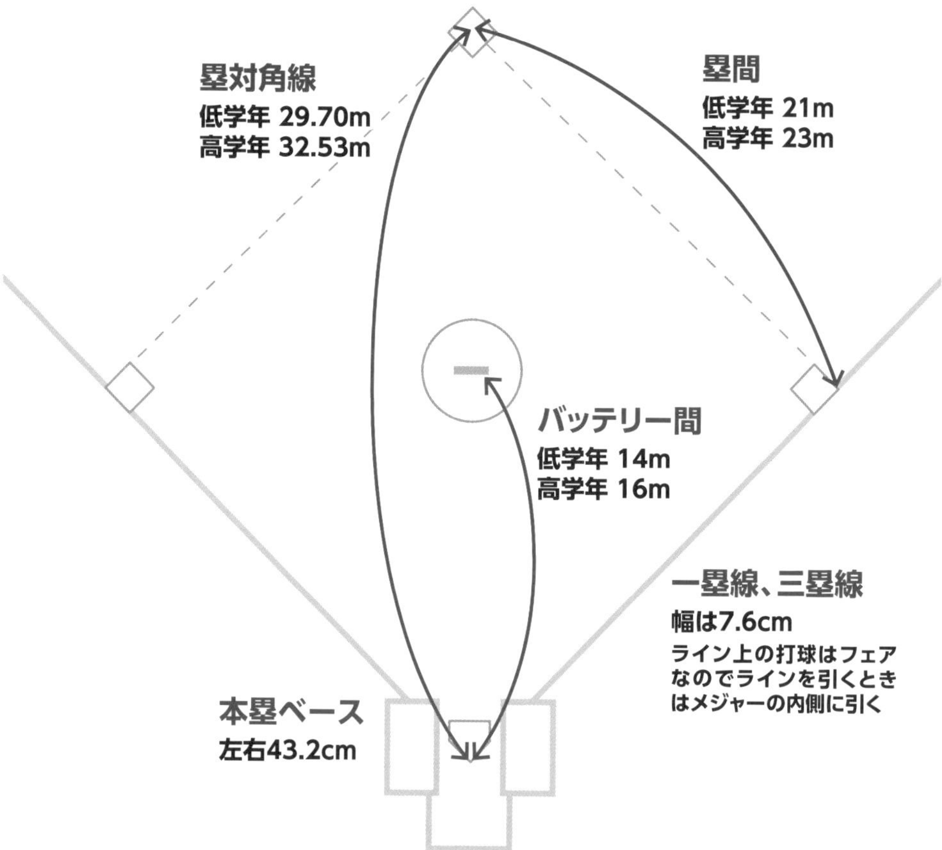

「バッテリー間」「塁間」「対角線」を投げる

- 低学年のバッテリー間14m、塁間21m、ダイヤモンド対角線29. 70m
- 高学年のバッテリー間16m、塁間23m、ダイヤモンド対角線32. 53m

実戦を考慮して、その距離を投げる練習をする。

「遠投」テストで距離を計測する。

低学年はダイヤモンド対角線の29.70m越え、
高学年はダイヤモンド対角線の32.53m越えを目標とする。

少年選手は、思ったところに投げられなくても、思ったところに届かなくても、みんなに合わせて後ろに下がって遠投をしたがるものだ。

やみくもに距離を伸ばしても意味がない。
「3球ストライクなら1メートル下がる」を繰り返していく。

投げ方がよくないと、そのまま体に染みついてしまい、あとからの修正・矯正は難しい。

左右のコントロールがよくない選手には、
少し上から投げさせてみる。
上下のコントロールがよくない選手には、
少し横から投げさせてみる。これらも1つの手法だ。

「キャッチボール・クラシック」「捕ってからすぐ投げる」練習。

2人1組で、「30秒間に何球投げられるか」
「10球をどのペアが一番早く投げられるか」を競う。
慣れてきたら「30秒間→1分間→2分間」「10球→20球→30球」、
また「2人1組→両サイド2人ずつ→両サイド3人ずつ」と
増やしていくのも面白い。

投手の「投球」。セットポジション

●ホームベースに正対して、振りかぶって投げるのは「ワインドアップ・モーション」。

●ホームベースに正対して、グラブとボールを胸のあたりから始動して投げるのは「ノーワインドアップ・モーション」。

●ホームベースに対して90度の向き。
ボールを体の前で保持して静止した
状態から投げるのが「セットポジション」。

「無死走者なし」から「二死満塁」まで、
「アウトカウントと走者有無」の状況は全 24 通り。
そのうち「走者なし」の状況は、無死走者なし、一死走者なし、
二死走者なしの3通りだけ。つまり、24 分の 21 のほとんどの状況が
（塁上に走者がいる）セットポジションだ。

●無死走者＝なし、一塁、二塁、三塁、一・二塁、一・三塁、二・三塁、満塁。
●一死走者＝なし、一塁、二塁、三塁、一・二塁、一・三塁、二・三塁、満塁。
●二死走者＝なし、一塁、二塁、三塁、一・二塁、一・三塁、二・三塁、満塁。

ワインドアップよりもセットポジションのほうが、
コントロールがつけやすい。
ワインドアップのほうが反動はつけられるが、
セットポジションでもそんなにスピードが
落ちるというわけでもない。
投手は、コントロールが定まりにくい登板時の
「初回立ち上がり（投げ始め）」が大事。
ならば、初回からセットポジションで投げるほうが
得策かもしれない。

投手は、ストレートは「4シーム＝直球」の握り。
つまり、人差し指と中指は、縫い目に垂直になるように握る。
内・外野手も「捕球→テークバック→スローイング」の
「テークバックのとき」に、球を握る指を滑らせて
縫い目にかける（4シームに握り替える）よう意識する。

意識していれば高学年になるころには自然と
瞬間的に握り替えられるようになっている。
軟式ボールでの送球はそんなに変化しないが、
硬式ボールは4シームの握りで投げないと
送球が変化するので、相手が捕りづらい。

PART 3 投げる 05 中級編

クイックモーション

走者が出塁し、セットポジションになったら、足をあまり上げないで、テークバックも小さく速い「クイックモーション」で打者に投げる。

Senators

投手の「ストライク率」

「ストライク率」は、50パーセントをめざす。
「6球に3球ストライク」なら、四球にならないで、三振を取れる計算。
以後、高学年になるにつれ、「5球に3球」の60パーセントをめざす。
ちなみに22年に完全試合を達成した佐々木朗希投手（ロッテ）の「ストライク率」は、全105球中ボール球が23球で、78パーセントだった。
完全試合を達成するくらいだから四球がなく、コントロール抜群だった。

「1イニング」に15球が1つの目安。

少年野球の「球数制限」が60球なら4回終了まで、70球なら5回途中で交代になることを考慮して、2番手投手の準備が必要。

23年WBCは侍ジャパン「第2先発」の好投が優勝につながった。

ロジンバッグの粉を手につけて、球の滑りを防ぐ。

投手は指をなめて唾をつけたり、ユニフォームにボールをこすりつけてはいけない。

12種類のカウント別投手心理

「ボール―ストライク」のカウントは全部で 12 種類ある。
その心理は5種類が「投手有利」、5種類が「投手不利」と言われている。

●0B-0S投手不利、1B-0S投手不利、
2B-0S投手不利、3B-0S投手不利

●0B-1S投手有利、1B-1S投手有利、
「2B-1S五分五分」、3B-1S投手不利

●0B-2S投手有利、1B-2S投手有利、
2B-2S投手有利、「3B-2S勝負カウント」

NPBジュニアトーナメント各球団の選考基準

参考

井端監督U12 侍ジャパン応募条件

- ①50m走7.3秒以下
- ②球速105キロ以上
- ③遠投70m以上
- ④投手、打撃、守備などで特筆すべき技能

4項目のうち、1つ以上をクリア

22年12月27日から3日間、神宮球場などでNPBジュニアトーナメントが開催された。各チーム16名、計192名。言わば全国のトップクラスの選手が一堂に会したわけだ。年齢的にドラフト指名の年齢に達した過去12回大会出場選手の中で、NPBにドラフト1位指名されたのは13人を数える。

22年または21年の「代表メンバーのセレクション」の基準を列挙してみた。

「遠投力」や「走力」など、選手の実力をはかる1つの参考になるかもしれない。05年から始まったこの大会、22年の第18回大会は「阪神タイガースJr.」が日本一の栄冠に輝いた（注／セレクション詳細は各球団ホームページを参照のこと）。

【阪神】
応募資格は、以下を1つ以上クリアしている
❶ 50m走7.5秒以下
❷ 球速100km以上
❸ 遠投60m以上
❹ 特筆すべき技能を持っている（平均打率5割以上や、飛距離が突出しているなど）

【ソフトバンク】
❶ 30メートル走測定4.97 秒
❷ 遠投測定60.4m

【西武】
以下条件を1つ以上クリアしている選手
❶ 50m走8.5秒以下
❷ 球速90km以上
❸ 遠投50m以上
❹ 特筆すべき技能を持っている（自慢できるものは何でも可）

【楽天】
❶ 50m走8.5秒以下
❷ 遠投50m以上

【ロッテ】
条件の項目のうち、1つ以上クリアしている
❶ 50m走8.5秒以下
❷ 遠投60m以上
❸ 特筆すべき技能を持っている（平均打率5割以上や飛距離が突出しているなど）

総合すると「遠投60m以上」「50m走8.5秒以下」「特筆すべき技能」
などの条件が必要だ。

NPBジュニアトーナメントを見学して気づいたこと

（編集部）

●「ボーク」をしない

セットポジションで完全に動作を静止しないまま、
投球する「ボーク」をおかす投手がいなかった
（つまり、セットポジションの規定をよく理解していた）。

●投手のスピード

１２９キロ、１３０キロ級のスピードを誇る投手が存在する一方、
90キロのスピードでコントロールよく投げ切る投手もいた。
各チームの投手は平均１１０キロ前後のストレートに、
80キロ前後のスローボールを加える投手が多かった。
また、投手は「クイックモーション」を、走者対策ばかりか、
打者が打つタイミングを外す「球種」として使っていた。

●1試合1時間30分制

６回終了時で同点の場合は無死一・二塁からのタイブレーク。
各チーム、バントで送ってから勝負に臨んだ。犠打も無難にこなした。

●「一死一・三塁」の守備隊形

攻撃側は、強打（ヒットエンドラン、犠牲フライ）、スクイズ、
二塁盗塁、重盗など、多くの戦法が考えられる。
守備側は、バックホーム、ダブルプレーの両方に対応できるよう、
遊撃手が前進守備のバックホーム態勢、二塁手が二塁ベース付近を
守るダブルプレー態勢（二塁盗塁にも対応）という守備隊形をとる
チームが複数見受けられた。

●外野手

外野手は、右打者のときはレフトだけが定位置より深く守り、
左打者のときはライトだけが定位置より深く守るチームがあった。
ただし、ライトゴロを常に狙っていた。

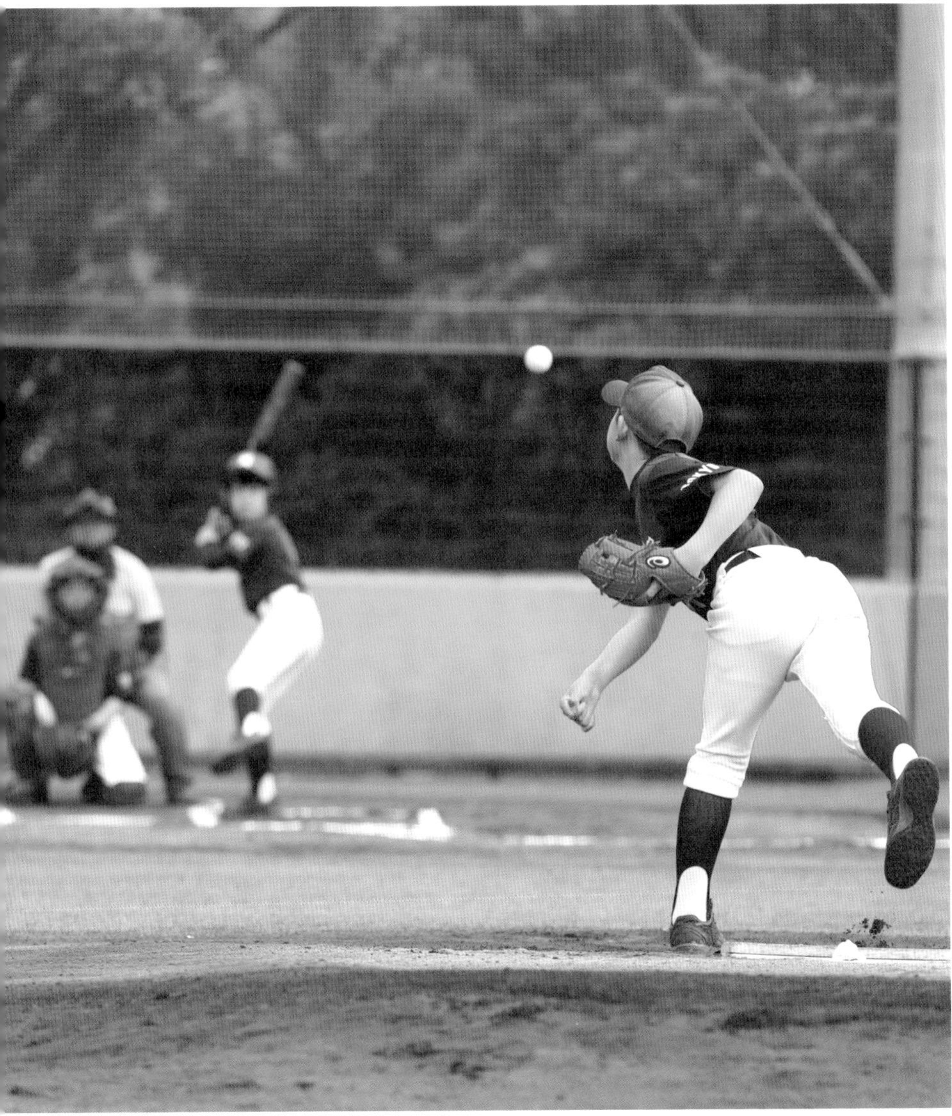

教えて 井端さん

高校入学前まで投手だった

**プロ野球選手になるような人は、
小学校や中学校では投手をやっているものです。
井端弘和選手もそうでした。だから投手マインド（心）を持ち合わせていますし、
一塁送球も素晴らしい球を投げるのです。**

「軸足に体重をのせて投げる」ことが一番大事

——井端弘和選手は、中学生まで投手だったので「投手マインド」を持ち合わせていると思います。

プロでも「送球の正確さ」には定評がありました。「投げること」において、注意することは何でしょうか。

井端　まずはしっかりと軸足に体重をのせて投げることです。右利きなら右足に、左利きなら左足です。だから、ステップして着地したとき、まだ右足に体重が残っていることが大事です。

えてして「守備の得意な選手は打撃が苦手」で、「打撃が得意な選手は守備が苦手」ということがありがちです。

でも、私は「基本的に『投げる』『守る』『打つ』は、体重移動や体の使い方がほぼ一緒だよ」と説明しています。

「投げること、守ること」と「打つこと」の体重移動

——そういえば22年のゴールデングラブ賞の表彰式のこと。岡本和真三塁手（巨人）が「井端弘和コーチに『守備は打撃につながる』とアドバイスされてから、守備も意識して練習するようになった」と受賞の弁を語っていたのが印象深かったです。

岡本選手は、5年連続30本塁打はもちろん、2年連続ゴールデングラブ賞。守備も格段の進歩を遂げました。

井端　プロであってもそうなのです。「得意な分野を苦手な分野に応用しようよ」。そうやって「投げる」「守る」「打つ」を結びつけてあげると、子供たちも何となく表情が晴れやかになります。「私は打撃が好きだから、こんな感じで守備にもつなげてみよう」と、子供

心に思ってくれるのかもしれませんね。

イチローも新庄も、腕をしならせて投げた

――投げるときは、腕をしならせるようなイメージでいいのでしょうか。

井端　セットポジションの位置からヘソが90度回転したら、右腕のヒジがしなって出てくる感じです。

野球に関しては上半身や腕に力が入ることはほぼないと考えてください。力が入るとしたら、打撃では「ミート・インパクト」、スローイングでは「リリース」の瞬間だけです。

イチローさん（マリナーズほか）や新庄剛志さん(日本ハムほか)にしても、大遠投の腕の振りはしなやかでした。

ただし、「遠投」と言っても、野球では「高い球を投げる」のではなく、「低く強い球」です。そして私は「練習ではノーバウンドで投げろ。極力ワンバウンドは避けろ。楽してはダメだぞ」と指導しています。

そういう意味では「野球は股関節（太ももの先端の球状の骨、骨盤側の受け皿になるお椀型の骨の組み合わせ）が大事」だと思います。股関節がしっかりしていれば、下半身主導に伴い、上半身が自然に導かれます。

セットポジション投手が圧倒的に増えた

――NPBジュニアトーナメントを見学しました。全国トップクラスの小学生が集まっていて、セットポジション、クイックモーションを上手に使い、登板投手の平均球速は110キロでした。

井端　私は小学5年生から投手を始めましたが、当時はコントロールをつけるためにセットポジションで投げていました。バランス感覚と筋力がついてきた6年生になって、ワインドアップ・モーションにして球速も増しました。

私の少年時代よりも、最近はセットポジションで投げる投手が明らかに増加しました。しかも、凄く速いクイックモーションで投げる投手もいます。走者がいなくても、打者のタイミングを外すためにクイックモーションを（球種として）使う投手もいます。「今はそういう時代なんだな」と感心かつ驚きながら見ています。

かつては盗塁を企てられたらオールセーフと諦(あきら)めるくらいでしたが……（苦笑）。全国レベルのバッテリーは、出塁したらクイックモーション、捕手が二塁ノーバウンド送球ですね。

全国レベルのチームはもちろん、最近では「どうせ覚えさせるなら早いうち

から」と、小学生にクイックモーションを仕込むのは、多くのチームの方針なのでしょう。

ただ個人的には、軸足に体重をのせて前に突っ込まないで投げられるようになってからのほうがいいのかなと思います。

投げる距離をだんだん広げる

――コントロールを磨くことに関して、井端さんご自身の少年野球時代の練習法はどんな感じでしたか？

井端　「思ったところ」や「ストライク」が投げられない選手は、いきなり正規の 14 メートル（低学年）や 16 メートル（高学年）から投げるのではなく、最初は 10 メートルくらいから投げ始めればいいと思います。

「３球ストライクが続いたら1メートルバック」を繰り返していくのです。３球ストライクが続くということは「いいフォームで投げている」という証明ですから、その投げ方、リリースポイントを確認した上でステップアップしたわけです。

ほかにも「壁当て」で四隅（内角高め、内角低め、外角高め、外角低め）を狙ったりしました。

私が小学生の軟式野球時代は週5日の練習がありました。中学生のシニアで硬式野球になってからは日曜日の週1日の練習・試合になりました。硬式球になって、「壁当て」は不可能になりましたし、近所にキャッチボールをする相手も少なくなりました。

週1日のプレーでいきなりマックスに持っていったら、筋力的に負担がかかって肩ヒジを痛めます。とはいえ、ある程度は負荷をかけてあげなくてはいけないので、火曜日・木曜日あたりにキャッチボールをして肩を作りました。1週間、中1日ずつのローテーションで、週2日はノースローデーのような感じです。

マウンドの傾斜、ハンドクリームetc.

――投手で気をつけることをいくつか教えてください。

井端　学校のような平らなマウンドか、傾斜のあるマウンドか、投手にとって重要な問題だと思います。私は傾斜のあるマウンドで上から投げ下ろすほうが投げやすく、平らなマウンドでは球を押し出すような格好になるので投げづらかったです。

逆に、傾斜のあるマウンドだと、「身

体が前に突っ込んで、フォームが乱れて投げにくい」という投手もいましたね。

——私のチームで、毎週注意してもヒジが下がってしまう選手が何人かいます。

「どうして下がってしまうのかな」と尋ねると、ほぼ全員が「休み時間にやるドッヂボール投げです」と答えました。

井端　ドッヂボールの球は大きくて大人でもしっかりと握れません。重くてどうしても横投げがクセになってしまいます。肩を痛める危険性もあります。投手に限らず、野球少年にはあまりおすすめできません。

——滑り止めに関してはいかがでしたか。

井端　少年野球でも滑り止め防止の目的で、ロジンバッグは普及していますね。指がカサつく投手は、ふだんからハンドクリームを塗って指をケアしたらどうでしょうか。

PART 4

守る

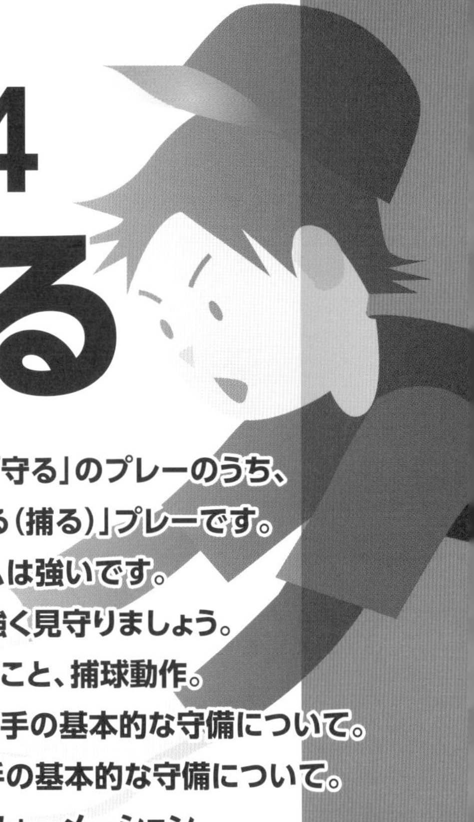

野球の「打つ」「走る」「投げる」「守る」のプレーのうち、
一番難しいのが実はこの「守る（捕る）」プレーです。
その分、守れるチームは強いです。
指導者はあせらずに根気強く見守りましょう。
まず、【初級編】では捕ること、捕球動作。
そして【中級編】では投手、捕手、一塁手の基本的な守備について。
さらに【上級編】では内野手、外野手の基本的な守備について。
また、カバーを含めたフォーメーション
（守備位置、動き）について説明します。

エア・ハンドリング

ボールを捕るグラブの、特にボールをつかむところを「ポケット」と呼ぶ。

ポケットとは、物を入れるところ。グラブで言えばボールがすっぽり入るところ。グラブを叩くと、いい音がするところ。

グラブのポケットの向きを「下→左→上→右」と、クルマのワイパーや「千手観音」のようなイメージで動かす。捕球の際のグラブの向きを覚えよう。実際にボールがなくても、まるでボールを捕っているかのようにグラブを動かすのだ。

実際にボールを捕る

野球初心者はボールが怖い。逃げながら、片手キャッチでもOK。キャッチボールは、最初は下から投げる。
慣れてきたら上から投げる（低学年は、最初はテニスボールで練習）。

ゴロを捕るときは、バウンドの「落ち際」か「上がり際（ショートバウンド）」のどちらかが捕りやすい。「上がり際」を捕るときはグラブを立てる。

フライは顔の「斜め前上」で捕る（テニスボールで練習）。

ゴロを捕るときのグラブの動きは「下→上」のほうが、飛んでくるゴロに対応しやすい。「上→下」だと間に合わず、股の下をゴロが通り抜ける「トンネル」の危険性が高い。

捕る練習法

● 「セルフ・バウンド捕球」「セルフ・フライ捕球」をやって、自分で捕球に慣れる。

壁当て

ブロック塀などにボールを投げて、
跳ね返ってきたボールを捕る。
ゴロを捕る練習はもちろん、狙ったところに
ボールを投げる練習にもなるので一石二鳥。
一人でもできるのが最大のメリット。

転がされた低いゴロを捕る（正面、左、右）→次は高いバウンドのゴロを捕る練習。

低学年の試合の打球は、高いバウンドが多い。ノックで打つのが難しかったら、手で転がしたり、地面に叩きつければいい。

●**2人1組。至近距離で下からトスしたボールを交互に捕り合う「トスキャッチ」。**

捕球動作の基本

構える

- 飛んでくる打球に対する準備。
自分の前後左右、どちらにでも
素早く動ける準備態勢
=歩幅は、肩の1・5倍。ひざを軽く曲げ、
軽い前傾姿勢。

- グラブを低く構えて、ポケットは前方を向ける
（グラブのポケットを左ひざにかぶせるのはNG）。

- 右打者なら三塁手・遊撃手への打球、
左打者なら一塁手・二塁手への打球が多いので、
それぞれのポジションの選手はいつも以上に
「飛んでくるぞ」という意識が必要。

打球を追う

- 打球に直線（最短距離）で
足を運び、早めにグラブを出す。

捕球

- グラブのポケットを打球に対し、ほぼ直角に向ける。
- グラブをはめた左手で打球を捕り、右手で包み込む。
グラブに入れ「蓋(ふた)をする」イメージ。
イレギュラーバウンドしても、右手で止められる。
右手がグラブの近くなら、
すぐ持ち替えて投げられる。
- 左足を前にして捕る。
(フットワーク=足は左、右、左の順)
(反復横跳び=サイドステップを練習に採り入れると
イメージをつかみやすい。そのサイドステップを
前方に向けるイメージで捕る。)

送球

- 右足体重から、投げる方向に
向かって左足を踏み出し、
相手の胸を目がけて投げる。

構える

- 飛んでくる打球に対する準備。
  自分の前後左右、どちらにでも
  素早く動ける準備態勢
  =歩幅は、肩の1・5倍。ひざを軽く曲げ、
  軽い前傾姿勢。
- グラブを低く構え、ポケットは前方を向ける
  (グラブのポケットを左ひざにかぶせるのはNG)。
- 右打者なら三塁手・遊撃手への打球、
  左打者なら一塁手・二塁手への打球が多いので、
  それぞれのポジションの選手はいつも以上に
  「飛んでくるぞ」という意識が必要。

打球を追う

- 打球に直線(最短距離)で
  足を運び、早めにグラブを出す。

捕球

- グラブのポケットを打球に対し、ほぼ直角に向ける。
- グラブをはめた左手で打球を捕り、右手で包み込む。
  グラブに入れ「蓋(ふた)をする」イメージ。
  イレギュラーバウンドしても、右手で止められる。
  右手がグラブの近くなら、
  すぐ持ち替えて投げられる。
- 左足を前にして捕る。
  (フットワーク=足は左、右、左の順)
  (反復横跳び=サイドステップを練習に採り入れると
  イメージをつかみやすい。そのサイドステップを
  前方に向けるイメージで捕る。)

送球

- 右足体重から、投げる方向に
  向かって左足を踏み出し、
  相手の胸を目がけて投げる。

教えて
井端さん

守備で大事なのは「とにかくアウトに取る」こと

**走攻守3拍子そろう井端弘和氏だが、
特に守備はゴールデングラブ賞を7度も受賞したレジェンドである。
「守備の基本」をどう考えているのか。**

グラブに当てて「逃げろ!」

——低学年の選手に「守ること(捕ること)」を教えるのは難しいですね。

井端　初級者には、球がくる前からもう「へっぴり腰」でグラブを出している子が多いのですが、それで大丈夫なんです。私は最初、「球が怖いでしょ。だからグラブを出していいよ。顔に当たらないように、グラブに当てて逃げていいんだよ」と教えています。

　低学年のうちは力がないのでグラブを開くことが難しい。少しグラブを開けるようになれば、そのうち捕れるようになるものです。「逃げないで、正面で捕れ」と教えるのは逆効果かもしれません。

「前進してゴロを捕るな!」の理由

井端　ゴロ捕球も同じです。よく「前に出て捕れ」と言われますが、初級者の段階では誤った指導です。逆に私は「前に出て捕るな」と教えています。

　「捕球」自体がまだ怖い。どうやって捕っていいのか自信がないのに、前に出れば出るほど難しい。

　「前進」と「捕球」、どちらも中途半端になります。だから、まず前に出ないで、その場で「待って捕る」のが優先なのです。

　ゴロ捕球の基本は3歳までにあると思いませんか。球を転がしてあげると、前に出ず、自分のところにきてから手を伸ばして捕る。少し背が伸びたら、低い球には腰をかがめる。

だから、捕球態勢としては「股を割る」。つまり上半身脱力、股関節の上に上半身をのせます。グラブが地面に着くまで腕を下げます。その姿勢で捕球するのです。グラブの動きは「下から上」です。

極論すれば、そこまでに1年を要してもいい。捕球が完全にできるようになったら、捕りやすい「バウンドの上がり際（ショートバウンド）」に合わせて捕れるように、初めて前に出ればいい。左足の後ろに右足もつけてあげます。そうすれば次に自然と左足を前に踏み出して投げるようになります。

つまり「左足（捕る）、右足（ステップ）、左足（投げる）」ですね。よく「左足の横で捕れ」と言われますが、捕るのは「体の正面」が基本だと思います。私は捕ってから速く投げるために、右足に体重をのせて、正面より右側で捕球していたくらいですから。

1年1歩、
小学校6年間で6歩前進！

井端　1年に1歩前に出られるようになれば、6年間で5、6歩。ゴロに対して内野手はなかなか5、6歩は出られませんよ。しかも、上級生になるにつれ打球は速くなるから、なおさら前には出られない。

中学生や高校生になって、改めてゴロ捕球を1から教わり直している選手が多いことを考えれば、まず「捕る」に1年。それが完全にできてから「前に出る」「正確な送球を投げる」。それでも、むしろ早いほうです——「急がば回れ」です。

守備で一番大事なことは、とにかく「自分のところに飛んできた打球をアウトにすること」なのです。

外野手の「ゴロ捕球、バックホーム」に関しては、前進して、右足を前に出して左足の横で捕り、余勢を駆って左右ワンステップずつ、最後は左足を前に出して投げる。こちらは「右、左、右、左」でしょうか。

打球を最短距離で追う！

——井端さんはプロ7年目、29歳の04年にゴールデングラブ初受賞以来、6年連続受賞。その後二塁手コンバートを挟み、12年に37歳で3年ぶり遊撃ゴールデングラブ賞に返り咲いています。どんな工夫をしたのですか。

井端　簡単に言えば「無駄を省いて、楽な守備をする」ということです。「三遊間のゴロには、少し膨（ふく）らんで回り込むほうが一塁に投げやすい」と言われます。

しかし回り込む分、2歩前後増えます。30歳を前にして、基本に忠実に「1歩目を速く、打球に最短距離で入る」練習に、多くの時間を費やしたのです。

三遊間に膨(ふく)らんで回り込めないなら、直線の最短距離で走って逆シングルで捕って投げればいい。結果、2歩前後減らせたことで負担も減少しました。だから37歳まで遊撃を守れたのではないでしょうか。

（※編集部注／伝説の遊撃ゴールデングラブ賞7度の阪急・大橋穣、同8度の大洋・山下大輔とも、最後のゴールデングラブ賞受賞は32歳のシーズンだった）

さらに「準備」もしました。追いかけて追いついているのに、最後に逆シングルで出したグラブの下を打球がすり抜けていくことがある。ならば、グラブは早い段階で出しておけばいい。多少のイレギュラーバウンドには対応できる。最後、飛びついて捕れる確率も高まる。そうすれば自然と守備範囲も広がります。

グラブに右手で蓋(ふた)をする！

——井端さんは正確なスローイングに定評がありました。

井端　捕球した瞬間、右手でグラブに蓋(ふた)をするイメージですね。捕るのと同時に右足が前に出ているから、捕球したグラブがヘソの位置から右肩あたりに自然と上がってくる。

直後グラブの中で、つかんだ球の縫い目に指を滑らせ、握り直して送球する。ふだんから「グラブのポケットに球を叩きつけて握る」「球の縫い目に人差し指と中指を垂直にかける」練習を繰り返していました。

投手の守備

1　2

1　2

打 球が自分より左に飛んだら一塁カバー（写真上段）。
ワイルドピッチやパスボールのとき、転がっている球の位置を捕手に教える。
三塁走者がいるときは自分が本塁カバーを忘れずに（写真下段）。

3 4

3 4

PART 4 守る 06 中級編

投手の牽制

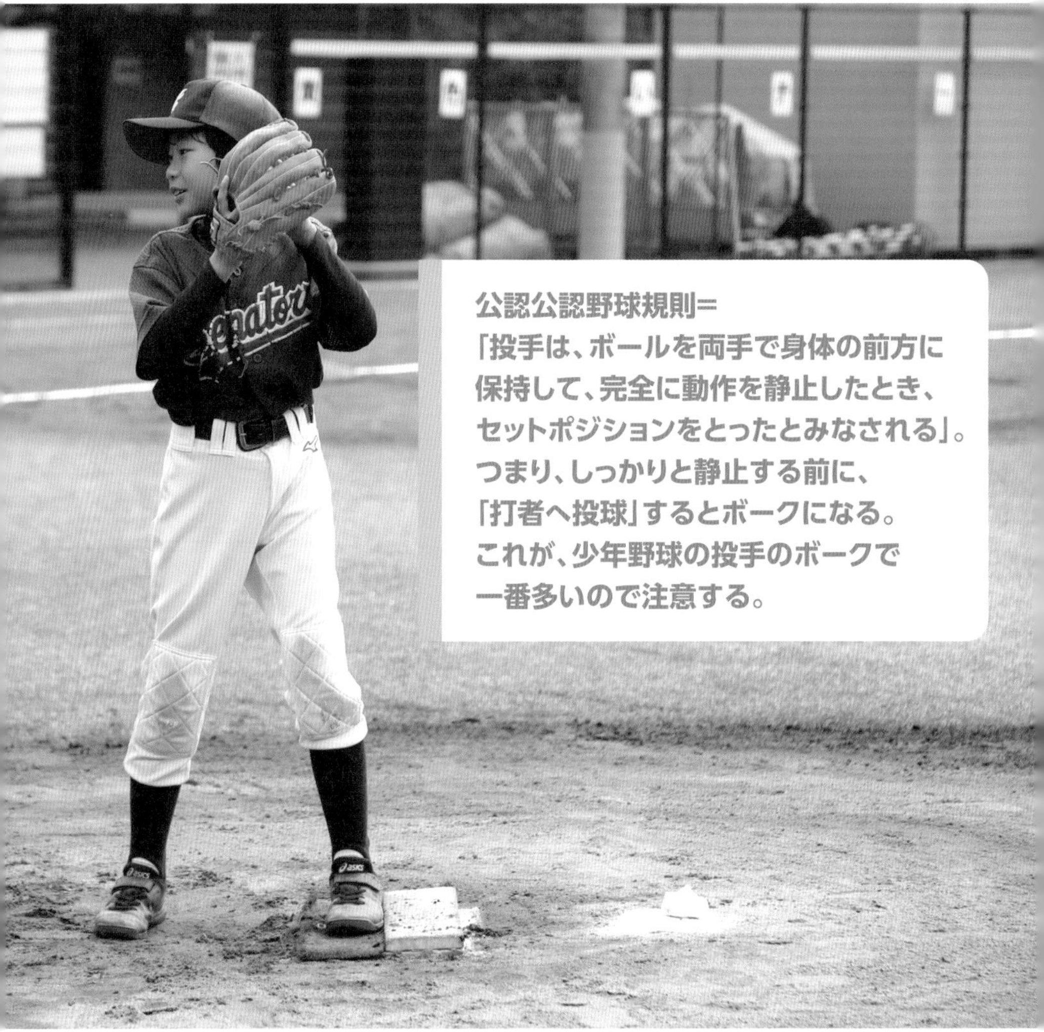

公認公認野球規則＝
「投手は、ボールを両手で身体の前方に
保持して、完全に動作を静止したとき、
セットポジションをとったとみなされる」。
つまり、しっかりと静止する前に、
「打者へ投球」するとボークになる。
これが、少年野球の投手のボークで
一番多いので注意する。

**投手は牽制球を実際に投げなくても、
投手板を外したり、走者に視線をやって「目で押さえる」。
これらの行為は、走者のリードを小さくさせることが
できるので効果的である。**

公認野球規則=「左投げ、右投げ、いずれの投手でも、自由な足を振って投手板の後縁を越えたら、打者へ投球しなければならない」。

逆に言えば、左投手は、後縁を越えるか(=投球)越えないか(=投球or牽制球)、すれすれのところに右足を上げて一塁走者を惑わせるのも、技術であり武器である。
なぜなら、牽制球は「走者のスタートを遅らせる」「走者を刺す」「相手の作戦を見破る」のが目的だからだ。

投手板から右足を外して牽制する。
(ボールデッドのゾーンに送球が入った場合、野手としての悪送球なのでテーク2ベース。)

投手板を踏んだまま牽制する。
(ボールデッドのゾーンに送球が入った場合、投手としての悪送球はテーク1ベース)
(一塁・三塁へは偽投禁止。)
(二塁への偽投は、左足を踏み出すことが必要。)

捕手のリード

投手に出す「球種のサイン」「牽制球のサイン」は、
一塁走者や一塁コーチャーに見えないようにする。

「投げさせたいコース」（内角、外角）、「高さ」（高め、低め）に、
ミットが投げる目印、標的になるように構える。ミット方向に体も寄せる。

捕手の守備＝キャッチング

捕手は、打者のファウルチップが右手に当たってケガをしないように、投球時は右手を後ろに隠す。

無走者なら、ミット側（内角低め）の左ヒザを地面に着けてもいい。

「ボール」「ストライク」どちらに判定されてもいいような球がある。
キャッチングはミットが流れてボールと判定されないように、
しっかりミットを止める。

ワンバウンド投球を後逸して走者に走られないように、
体（プロテクター）で止めて前に落とす。

PART 4 守る 09 中級編

捕手の守備=スローイング

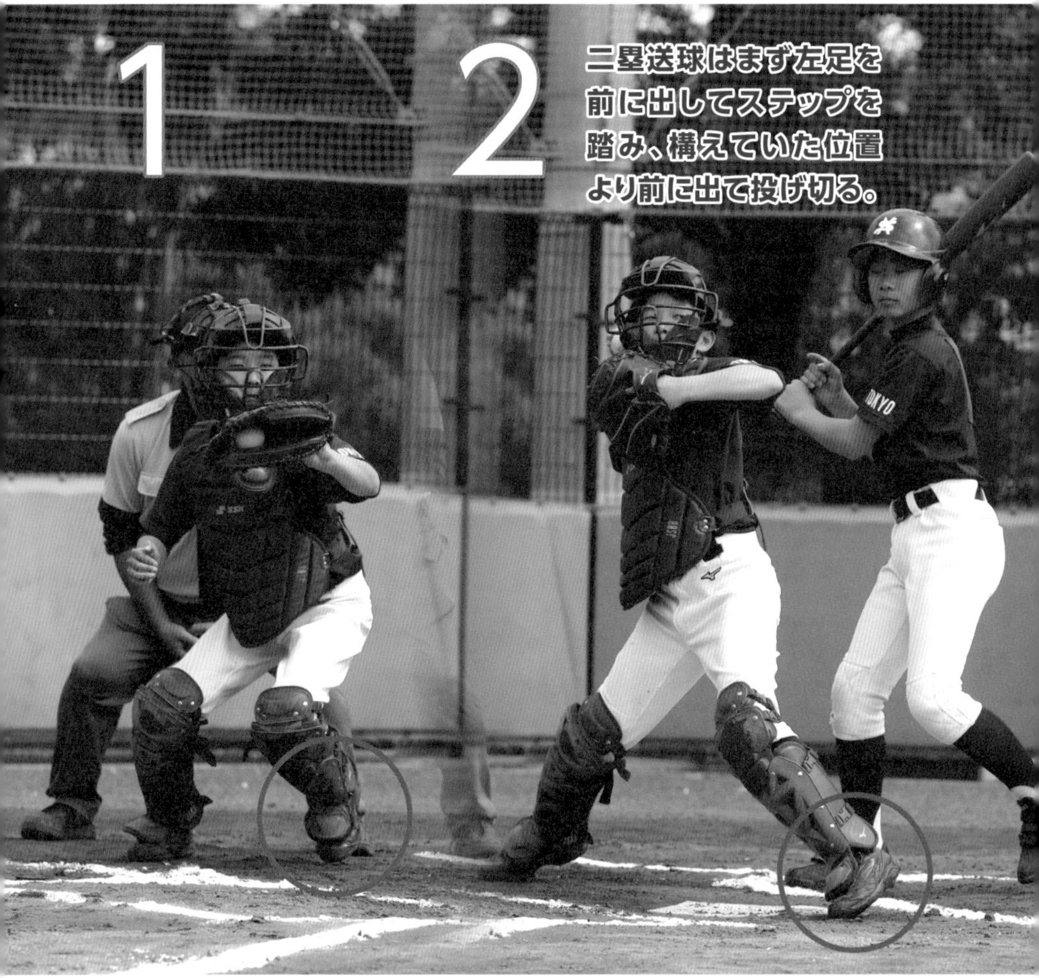

1
2
二塁送球はまず左足を前に出してステップを踏み、構えていた位置より前に出て投げ切る。

低学年の捕手はダイヤモンド対角線29．70メートル。
高学年の捕手はダイヤモンド対角線32．53メートルを投げられるようにする。

二 塁手・遊撃手がジャンプするような「高い二塁送球」になってしまうと、タッチができず、走者をアウトにできない。悪送球なら、走者は三塁に進んでしまう。ワンバウンドでも「低くて速い」球を投げる。

●練習ではノーバウンドで届かせるように努力する。

●最初からワンバウンドで投げると決めているなら、中途半端なバウンドではなく、二塁手・遊撃手が捕りやすいバウンドで投げる。

一塁手は少年野球「低学年」で特に重要

右利(き)きの一塁手なら、内野手からの送球を捕球するとき「左手を伸ばし、右足を伸ばす」と体の長さを最大限に生かせる(左利(き)きは、右手を伸ばし、左足を伸ばす)。

バッテリーと一塁手がボールを確実に捕れれば、アウトを増やせる。「低学年チームの一塁手」は、特に重要なポジションである。捕球が確実な選手を配置する必要がある。

**一塁手は、一塁走者がいるときは、一塁ベースに付いて、
投手の牽制球に備える(投手が投球モーションに入ったら、
ベースを離れて守備態勢を取る)。**

**一塁手は、すぐ塁を離れる一塁走者には、
「隠し球」でタッチしてみる。**

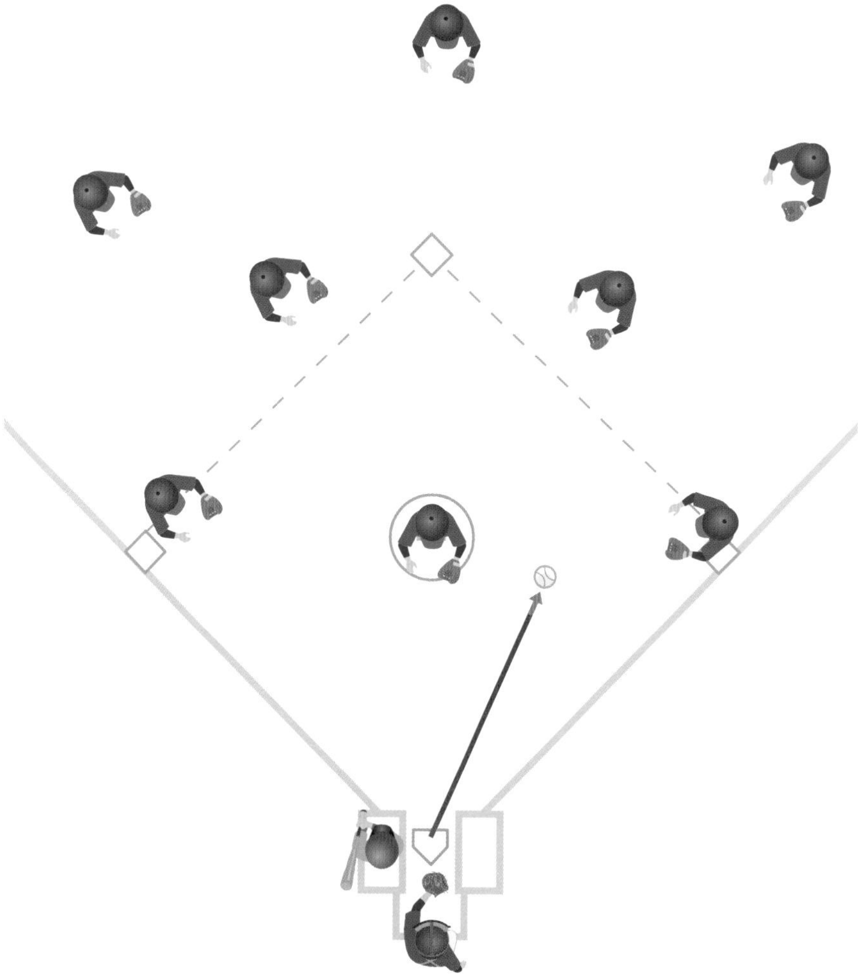

**投手・一塁手・二塁手の真ん中に飛んだゴロやフライは、
誰が捕って、誰がベースカバーに入るのか、
早い判断が必要とされる。**

一塁手は、「無死走者三塁」または「一死走者三塁」での一塁ゴロのとき、
三塁走者を目で牽制しながら打者走者をタッチアウトにしないと、
三塁走者にホームインされてしまうので注意が必要。
（一塁ベースを踏みにいくと、三塁走者が見えないので、
その隙（すき）を突かれる。）

内野手の守備態勢

低学年では「定位置（ダイヤモンド線上）」か「バックホーム態勢」の大別して2種類。

高学年では「定位置」「ダブルプレー態勢」「バックホーム態勢」の大別して3種類。

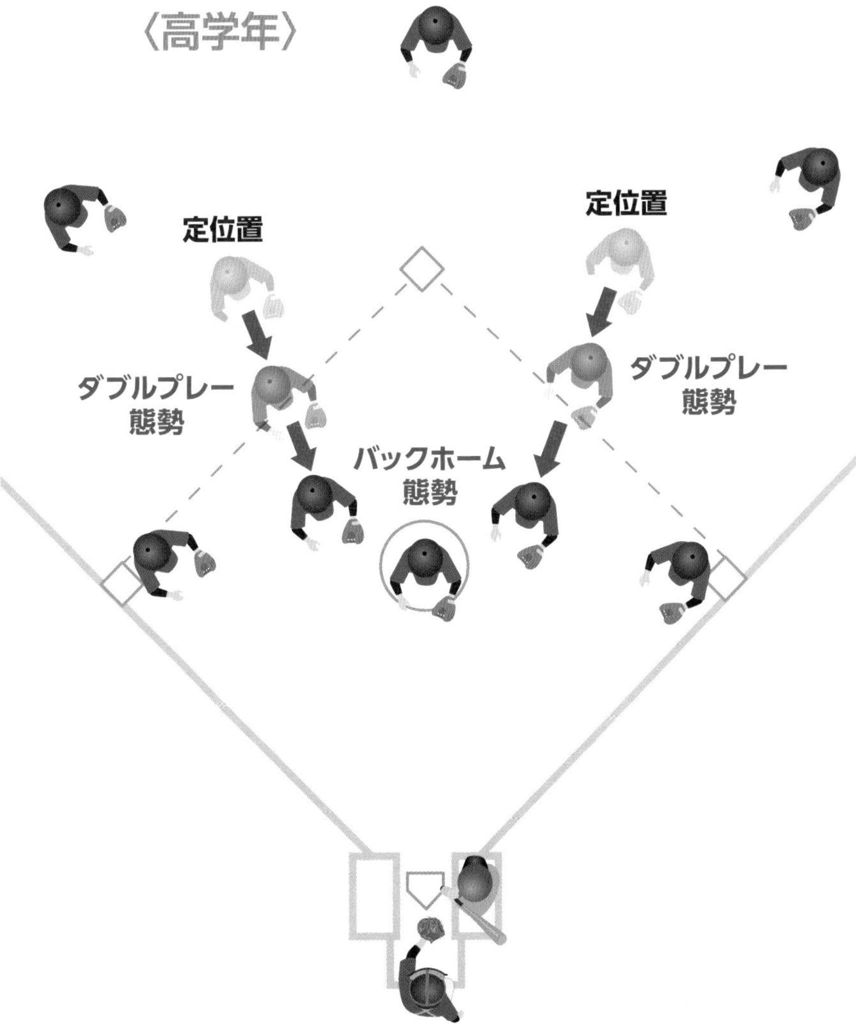

フォースアウトとタッチアウトの違い

フォースアウト（封殺）＝打者が打って走者になることによって、元からいた走者が強制的に押し出される状況。前の塁に必ず進まなくてはならない。守備側はボールを持ってベースを踏めばアウトになる(走者一塁、走者一・二塁、走者一・三塁の一塁走者、走者満塁)。

●例／無死一塁は「フォースの状態」であるが、
一塁手がゴロを捕って一塁を踏めばフォースの状態が解かれる。
よって、それから二塁に向かって走った一塁走者をアウトにするには
タッチが必要となる。

タッチアウト＝後ろの塁に走者がおらず、無理して前の塁に進まなくていい状況。アウトにするにはタッチが必要（走者二塁、走者三塁、走者一・三塁の三塁走者、走者二・三塁の二塁走者、三塁走者）。

アウトカウントを常に確認

二塁ゴロを捕って二塁に送球のイメージ

1 2

センターに飛んだ打球を捕って、
三塁に送球のイメージ

1 2

守備側は、ゴロやライナーを捕ったら、どこに投げてアウトにするか、1アウトを取るごとに、あらかじめ声をかけ合って確認しておく（例／オールファースト、フォースアウトの近い塁、バックホーム）。

3

4

3

4

内野手のバックアップ

〈三遊間のゴロの一塁バックアップ〉

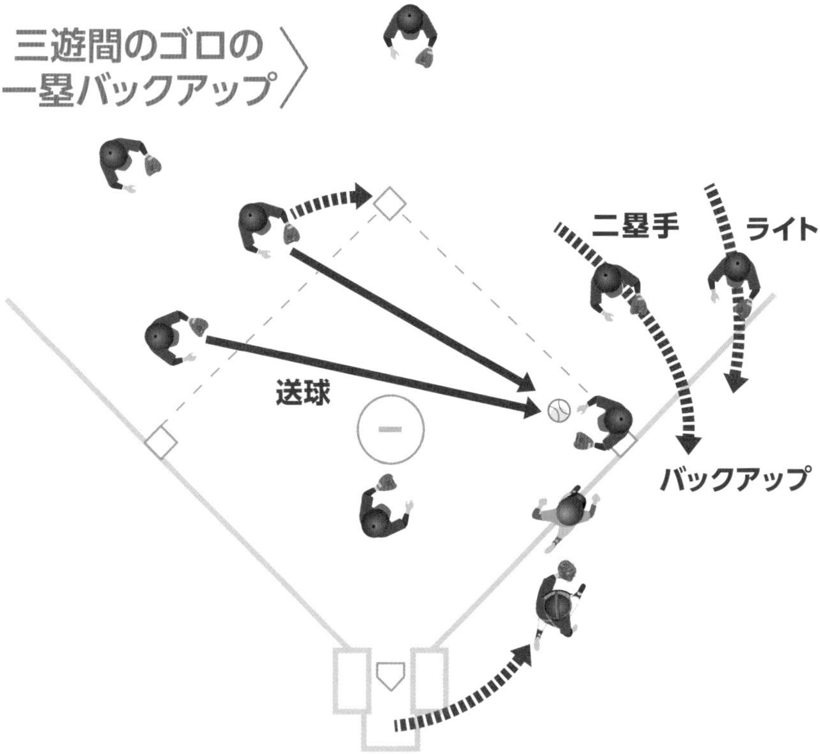

三塁手・遊撃手の「ゴロ捕球→一塁悪送球」に備え、
二塁手は必ず一塁手バックアップに走る。

捕手とライトも一塁手バックアップに向かう。

※一塁への悪送球に二塁手が追いつけば、打者走者の二塁進塁を「目」で押さえられる。しかし、一塁への悪送球にライトが追いつくころには、打者走者はすでに二塁近くまで達している。
内野ゴロの一塁手バックアップのメインは二塁手である。三塁手・遊撃手の一塁悪送球→二塁ベースカバーは、遊撃手が入る。

ただし、ゴロが明らかに三遊間・二遊間を抜けたときは、
二塁手はレフト・センターからの返球に備え、
二塁ベースカバーに向かう。

〈走者がいるときの捕手の返球に備えた投手バックアップ〉

走者がいるときは、二塁手と遊撃手は、
捕手からの返球時に投手をバックアップする。
捕手から投手への返球がそれたとき、走者の進塁を防ぐためだ。
一塁走者がいるときは、二塁ベースを空けないことも必要だ。

- **レフトに飛んだ打球の内野返球（二塁ベースカバー）は二塁手。**
- **ライトに飛んだ打球の内野返球（二塁ベースカバー）は遊撃手。**
- **センターに飛んだ打球の内野返球（二塁ベースカバー）は二塁手・遊撃手のどちらでもよい。**

内野手と外野手の「送球時の注意」

- 高い送球よりも、ワンバウンドで投げるほうが、悪送球は少なく、速い。
- ファンブルしたら、素手の右手で拾う。グラブでつかもうとすると、つかみづらい。
- 間に合いそうになかったら、投げない。
- やみくもに送球しない。中継の内野手をめがけて投げる。または自分で走って持っていく。

外野手の守備位置

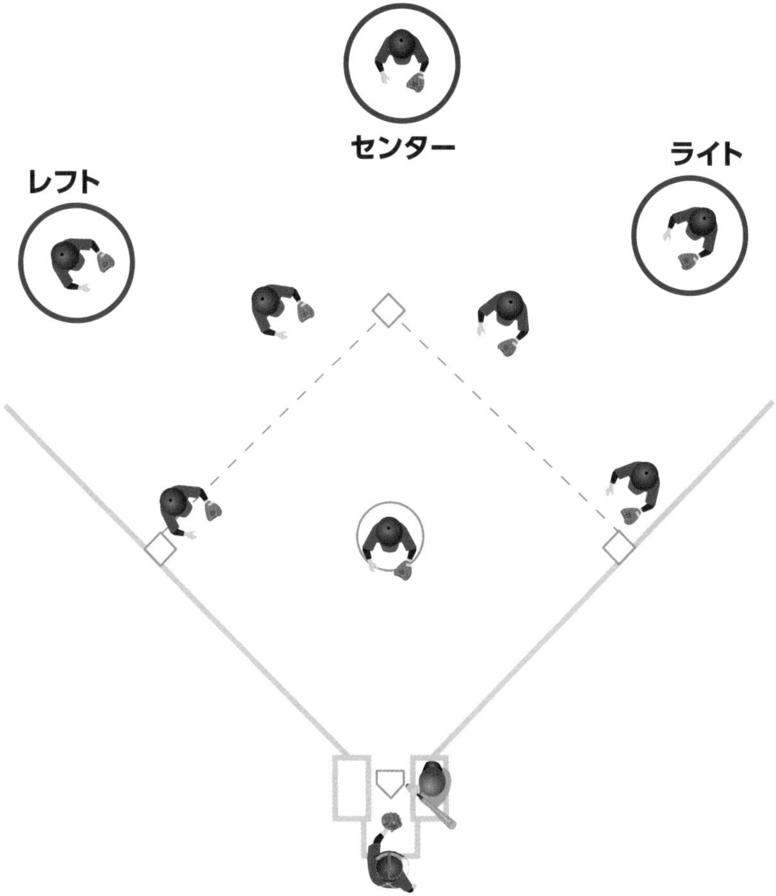

- レフトは、三塁手と遊撃手の真ん中の後方。
- センターは、二塁ベースの後方。
- ライトは、一塁手と二塁手の真ん中の後方。
- 低学年チームのライトは前進守備で、「ライトゴロ」を狙ってもよい。

外野手の内外野バックアップ

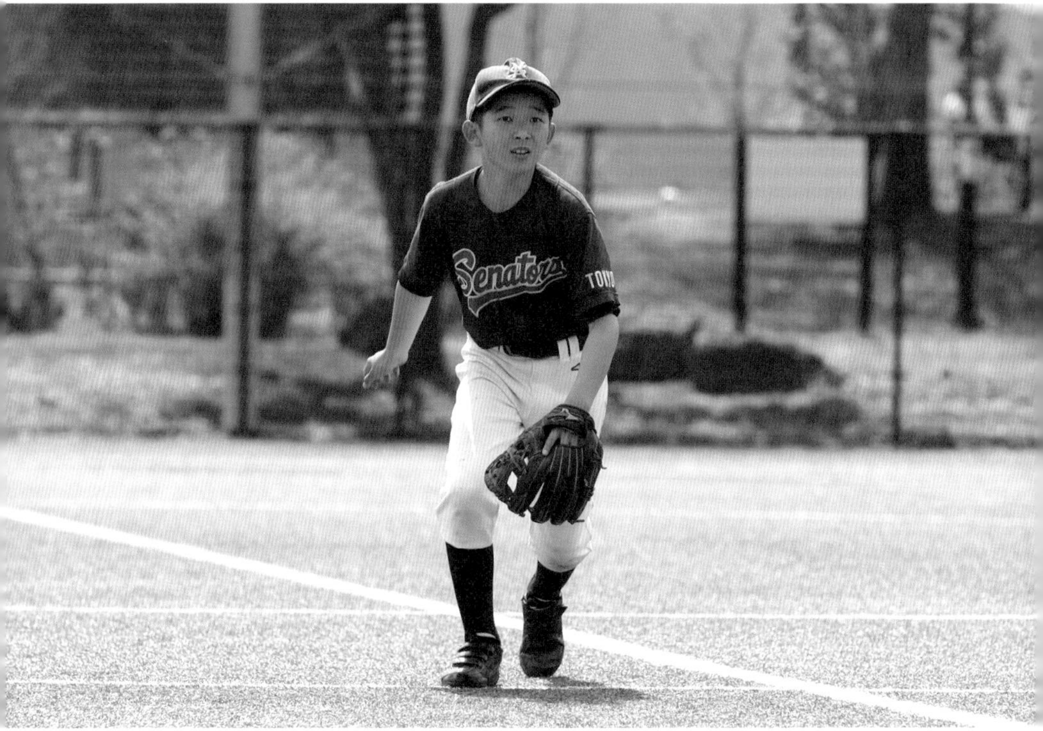

- レフトは、三塁手と遊撃手とセンターに飛んだ打球のバックアップをする。
- センターは、二塁手と遊撃手とレフトとライトに飛んだ打球のバックアップをする。
- ライトは、一塁手と二塁手とセンターに飛んだ打球のバックアップをする。
- ライトは、内野に飛んだすべてのゴロの一塁悪送球に備え、一塁手バックアップに走る。

外野手のフライの捕り方

●自分より後ろ右側のフライは、まず右足を引いて半身になるとバックしやすい。

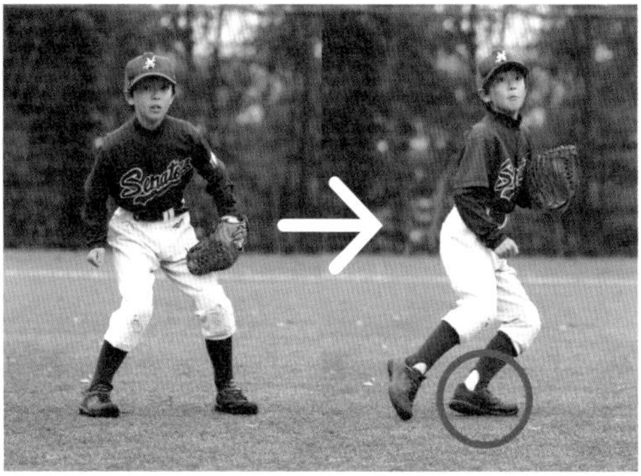

●自分より後ろ左側のフライは、まず左足を引いて半身になるとバックしやすい。

●フライ＝顔の「斜め前」で捕る（45度くらいのイメージ）。

（内野手は打者からの距離が短く、頭上高くにフライが上がるので、捕球は頭の近くになる。）
（軟球が怖いうちは、テニスラケットで打ったテニスボールを捕る練習も有効。）

●左右に比べ、正面のフライやライナーは打球の飛距離がつかみづらく、捕球が難しい。

外野手のゴロヒットの捕り方

外野の守りに慣れた選手はチャージ(打球への接触、処理)を速くする。

初心者 初心者は、右ヒザを地面に着いて左ヒザを折り曲げ、体の正面で丁寧に両手で捕る。

- 中級者以上は、立ったまま腰をかがめて、グラブを立てて捕る(イレギュラーに対応=写真上)。
- 正面手前のハーフライナーは、直接捕球かワンバウンド捕球か判断が難しい。ワンバウンドにした場合、跳ね上がった打球に頭上を越されないように注意する。

外野手の本塁送球

● **フライの場合=1度後方に下がり、勢いをつけて前進。**
右利(き)きなら、「左足を前」に出して顔の前でフライを捕球。
「右(足)、左(足)」とステップを踏んで送球する
(両足で軽く跳ねるイメージ=専門用語でクロウホップと呼ぶ)。

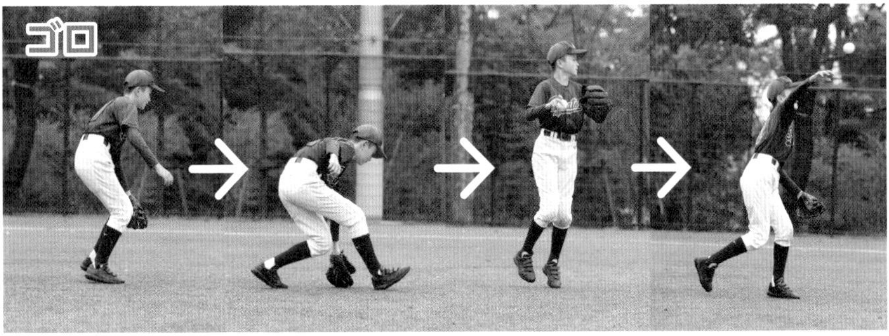

● **ゴロヒットの場合=自分の左足があって捕りづらいので、右利(き)きなら、「右足を前」に出して左足の外側でゴロをすくうように捕球。**
「左(足)、右(足)、左(足)」とステップを踏んで送球する。

本塁送球は、高い球でのダイレクト送球よりも、
低い球でのワンバウンド送球か、内野手の中継に投げる。
なぜなら、外野からのバックホームが高い送球だと、
打者走者の二塁進塁を確実に許してしまうからだ。

守る練習法

「ボール回しタイムトライアル
(捕手→一塁手→二塁手or遊撃手→三塁手→捕手)」

＝ベースを踏んで左回り2周、または右回り2周のタイムを競う。

- **ノックは、内野ゴロなら、正面、左右を打ち分ける。**
  また、実際の試合では高いバウンドのゴロが意外と多い。
- **「ゴロ捕球」が目的なら、捕れる範囲に打つ。**
  「持久力強化」が目的なら、捕れるか否かギリギリのところに打つ。

2人1組ペッパー

**打撃の練習以上に、
「投げる、構える、捕る」「投げる、構える、捕る」
という守備の反復練習になる。
1人のときは「壁当て」で代用できる
(ゴロを捕るときはグラブを立てる)。**

試合前のシートノック

1. ボール回し（内野間、外野間）、捕手の二塁送球（投球、捕ゴロ）

2. 外野バックセカンド（レフト、センター、ライト）
→バックサード（レフト、センター、ライト）
→バックホーム（レフト、センター、ライト）

3. 内野オールファースト（三塁、遊撃、二塁、一塁）
→ダブルプレー→バックホーム

4. 捕手フライ　（計7分間が目安）

練習において「走者付き、アウトカウントあり」の実戦形式「シートノック」は効果的。外野「バックセカンド」なら、（選手の正面ではなく）二塁打になりそうな打球を打つ。

ランダウン（挟殺）プレー

若い塁（一塁と二塁なら一塁、二塁と三塁なら二塁、三塁と本塁なら三塁）に走者を追い込み、あと少しで帰塁というタイミングで送球、タッチアウトに持っていく（落球しないように、タッチのときは、ボールをつかんだ右手にグラブをかぶせる）。

教えて 井端さん

守備は練習しただけ上手くなる

井端弘和選手の現役当時の守備は、ライバルの名手・宮本慎也選手（ヤクルト）や鳥谷敬選手（阪神）を抑え、ナンバーワン遊撃手として一世を風靡した。「守備の匠」の技を伝授願おう。

納得感がある「ショーバン捕球」

――ゴロ捕球は、バウンドの「落ち際」か「上がり際（ショートバウンド）」のどちらかがいいんですね。

井端　一番打球が弱い「落ち際」か、ショートバウンド（上がり際）。私は個人的にショートバウンドが気持ちいいです。ゴロをさばいて送球して、自分で「納得感」があるのは、ショートバウンドですね。

2人1組で、1人が投げて1人が打つ「ペッパー」（投げつける、浴びせる）という練習法。私は「投手にワンバウンドで打ち返す」打者のための練習だとずっと思っていたんです。

でも、いつからか私の中では「守備の練習」になりました。「投げる、構える、捕る」「投げる、構える、捕る」。この反復練習は、非常にいい守備の練習だと気づいたんです。

そして、私はグラブを常に出して準備しておいたほうがいいと思います。「打球を捕る」というよりも、「打球に対して足を運んで、グラブに入れてあげる」「入れて（右手で）蓋をしてあげる」。そんなイメージです。相手がいなかったら、「壁当て」でも代用できます。

送球が集まり、大事な一塁手

――小学校の低学年チームはバッテリーのほか、意外と「一塁手の守備」が重要です。これは低学年チームに接しての発見でした。

井端　内野ゴロを送球して一塁手が捕れなければ、打者走者は全部二塁に進んでしまいます。

投手が投げる代わりにティーの上に球を置いて打つ「ティーボール」は、

小学校4年生以下の初心者が野球に親しむには最適です。そのティーボールは、一塁手が上手くないと、試合が終わりません。

私が言わんとすることは、あまり認識されていませんが、最高峰のプロ野球でも一塁手は大事だということです。簡単に言えば、すべての内野ゴロでの送球が一塁に集まってきて、一番球に触れるポジションですから。

送球の捕球だけではありません。例えば、走者一塁で一·二塁間への打球。一塁手がさばいてダブルプレーか、ライト前に抜けて一・三塁のピンチか。この違いは雲泥の差です。

――中日にはウッズ選手（05年～08年）やブランコ選手（09年～12年）など、本塁打は打つが、守備範囲が狭い一塁手がいました。

結果、荒木雅博選手が05年に二塁手最多守備機会の日本記録を樹立したのは必然的でしたね……（苦笑）。

牽制球で走者を刺すべし

――牽制球の目的には「走者のスタートを遅らせる」「走者を刺す」「相手の作戦を見破る」などがあると思います。

井端　特に左投手は、投手板の後縁を越えるか（＝投球）、越えないか（＝投球 or 牽制球）、すれすれのところに右足を上げて一塁走者を惑わせます。これも、技術であり武器です。約束事のように、ただ単に牽制球を一塁に投げるのではなく、「走者を刺す」攻める気持ちで、プレーしてほしいですね。

――「アライバ（荒木雅博二塁手ゴールデングラブ6度＆井端）」は球史に残る二遊間コンビでした。牽制球で二塁に入るタイミングは難しいのではないですか。

井端　アウトにする必要がなくて「様子を見るとき」、二塁走者のリードが大きくて「アウトを狙うとき」と使い分けていました。

後者は牽制のサインをあからさまに出すと二塁走者、一・三塁コーチャーも警戒するので、私が二塁に入るタイミングの合図は「まばたき」でした。

牽制のターンが速い浅尾拓也投手は、相手にはなから警戒されているので逆に牽制アウトは難しかったです。川上憲伸投手や中田賢一投手も上手かったですね。憲伸のように「あまり牽制は好きじゃないよ」という雰囲気をかもし出している投手のほうが成功しました（笑）。「絶対打者で抑える！」という投手より、「二塁走者を牽制アウトにできれば、次に安打を打たれても1点を防げる」と考える投手のほうが成功率は高いです。

二塁牽制がスローボールで悪送球になると、二塁走者は簡単に三塁に進塁してしまいます。しかし、二塁牽制ターンが速くて全力で投げた牽制が悪送球になっても、二塁走者は手から滑り込んで必死に戻っているので三塁にいかれることもありません。センターもバックアップに入っています。だから投手には「二塁牽制球は全力でほうれ」と言ってありました。

そう言えば、荒木がベンチの指示以外、個人的に牽制のサインを出したのは見たことがないですよ。なぜか牽制に入りたがらない。入るのは私ばかりでした（笑）。

外野の名手は、高橋由伸選手

――内野手の井端さんの現役時代、荒木さんから見た外野の名手というと、誰が思い浮かびますか。

井端　高橋由伸選手（巨人）はバランスがよかったです。打球へのチャージ、捕ってから送球までの速さ、強肩、送球の質。地肩が強いだけの選手はたくさんいましたが、中継の内野手が捕りやすい球を投げてくれるのは由伸選手が一番でした。

ほかにも平田良介選手（中日）、他チームでは上林誠知選手（ソフトバンク）、最近では辰己涼介選手（楽天）が名手として思い浮かびます。

守り勝つ「落合・中日」

――現役時代、三冠王3度の「落合博満・中日監督」でしたが、「投手力を中心とした守り勝つ野球」を標榜し、8年間でリーグ優勝4度、日本一1度。

特に就任1年目の04年度は、投手・川上憲伸、一塁・渡辺博幸、二塁・荒木雅博、遊撃・井端弘和、外野・アレックス、英智と、実にゴールデングラブ賞「初受賞」を6人も輩出。チーム守備率・991は当時のリーグ記録を樹立しての優勝でした。

落合監督自らがノックバットを握りましたが、落合監督はどんなノックで選手を鍛え上げたのですか。

井端　捕れないところには打ちません。きちんと捕らせて、基本動作の繰り返しです。落合さんに限らず、捕れそうで捕れないようなギリギリのところに打っても、「捕る練習」なのですから何の意味もありません。打球に飛びつくのは楽だし、ギリギリのところにいったらごまかしがきくんです。ごまかしがきかないところの打球は嫌ですよ。

春のキャンプでノックを２時間とか２時間半やると、自分の中にエネルギーが残っていない感じです。でも、本数とか時間とか一切決められていなくて、守る側に任せられていました。だから、動きがよくない日は 30 分で自分でやめられたのです。守備は練習しただけ上手くなるし、守備練習は好きでした。

――ゴールデングラブ賞７度、しかも守備率がほぼ９割９分以上というのは、自分自身どういう感覚なんでしょうか。

井端　エラーをしたくないだけです。自分的には４打数４三振するより、エラー１個のほうが、ショック感が大きかったですね。だからそういう思いをしたくなかっただけです。

PART 5

ルール

野球はスポーツの中でも、
ルールがかなり難しい。
それだけに、ルールを知っていれば、
相手を上回ることができるのです。
最低限、覚えておいたほうがいい
ルールを紹介しましょう。

振り逃げ

「振り逃げ」の2つの条件（振っても振らなくても「振り逃げ」と呼ぶ）。
(1)「3ストライクめ」を、捕手が落とすか、ワンバウンドしたとき。
(2) 状況＝無死や一死では一塁走者がいないとき。二死の場合はいつでもOK。
(例) 一死二塁は「振り逃げ」OK。二死一塁も「振り逃げ」OK。【P 27】

投手の牽制

公認野球規則＝「投手は、軸足を投手板に触れ、ボールを両手で身体の前方に保持して、完全に動作を静止したとき、セットポジションをとったとみなされる」。【P 112】
つまり、しっかりと静止する前に、「打者へ投球」するとボークになる。
これが、投手のボークで一番多いので注意する。

●投手板から右足を外して牽制する
（ボールデッドゾーンに送球が入った場合、野手としての悪送球はテーク2ベース）。

●投手板を踏んだまま牽制する
（投手としての悪送球はテーク1ベース）。
（一塁・三塁へは偽投禁止）
（二塁への偽投は、左足を踏み出すことが必要）

●例えば、三塁手が一塁に悪送球してボールデッドゾーンに入ってしまったとき、「悪送球があったので打者走者は一塁から二塁へ進める」という解釈は誤り。
投手の投球当時の位置を基準として定めるので、打者走者は本塁から「テーク2ベース」ということで、二塁まで進むのである。

●同様に、投手が投手板を外して投げた一塁牽制球がボールデッドゾーンに入ってしまったとき、「野手」扱いとなり、一塁走者はすでに占有していた一塁から「テーク2ベース」ということで、三塁まで進める。

●一方、投手の投球がワイルドピッチで捕手が触わらずそのままボールデッドゾーンに入ってしまったとき、「投手」扱いの投球であり、一塁走者は「テーク1ベース」ということで、進めるのは二塁までとなる。

インフィールドフライ

公認野球規則＝「無死または一死で、走者一・二塁、一・二・三塁のとき。打者が打った飛球（ライナーおよびバントを企てて飛球となったものを除く）で、内野手が普通の守備行為をすれば、捕球できるものをいう。この場合、投手、捕手、および外野手が、内野で前記の飛球に対して守備したときは、内野手と同様に扱う。

●守備側が「故意落球」をし、ダブルプレーを狙うアンフェアなプレーを防ぐためのルール。

●フライが上がったときに審判員が「インフィールドフライ」と宣告。宣告があった時点で、フライを打った打者は（守備側が落球しても）アウト。

走者はアウトを覚悟の上、前の塁を狙ってもいい（捕球された場合はタッチアップが必要）。

打球が結果的にファウルになった場合、インフィールドフライにはならない。

●バントには適用されないので、守備側は故意に捕球しないでダブルプレーを狙える。

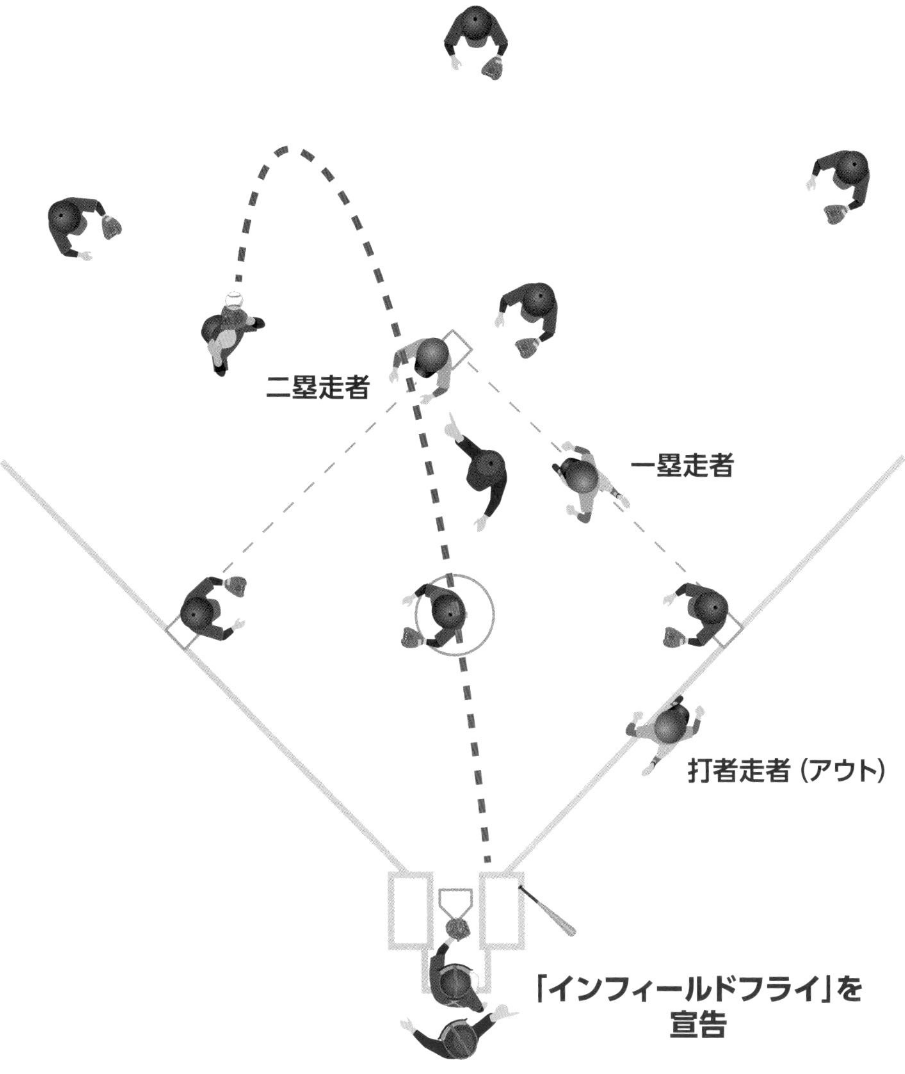
二塁走者
一塁走者
打者走者（アウト）
「インフィールドフライ」を
宣告

一つの塁に走者2人

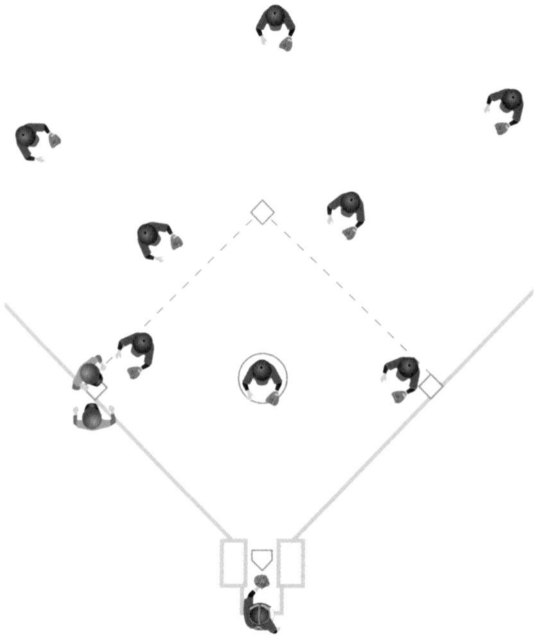

公認野球規則＝「二走者が同時に一つの塁を占有することは許されない。ボールインプレイの際、二走者が同一の塁に触れているときは、その塁を占有する権利は前位の走者に与えられているから、後位の走者はその塁に触れていても触球されればアウトになる」

●スクイズ失敗などで、三塁―本塁間に挟まれた「三塁走者」が三塁に帰り、その間に「二塁走者」が三塁まで進んでいることがある。

この三塁に走者2人の場合、前位の走者に占有権があるので、二塁走者がアウトになる。

●この場合、守備側のプレーとして、まず三塁走者にタッチし、次に二塁走者にタッチする。いずれにせよ、まず二塁走者がアウトになる。

三塁走者が「最初にタッチされた自分がアウトだ」と勘違いして塁を離れた場合、改めて三塁走者にタッチすれば、守備側はダブルプレーを取れる。

打者が捕手の守備妨害をしたときの三塁走者

公認野球規則＝無死または一死で走者三塁のとき、
打者が本塁における野手のプレイを妨げた場合、
走者がアウトになる（二死後の場合は打者がアウトになる）。

つまりスクイズを失敗した打者が、三塁走者にタッチしようとする捕手を妨害した場合、打者ではなく三塁走者を、ペナルティとしてアウトにするということである。

「パパ審判」恐るるに足らず

球審の注意点

- **4人審判がいるのだから、まず「本塁ベース」をしっかり見ればいい。**

  (打球のフェア・ファウルやフライは、一・三塁ベースより本塁側は球審がジャッジ)

- **ボール・ストライクを見る。**

  低学年の打者は小柄で、投球は「山なり」なので、高めの球のジャッジには注意。

  回の表に投げる投手と、裏に投げる投手の実力差が大きいことも多いことを念頭に置く。

  緊張してボールカウントを忘れてしまう選手が多いので、四球前の「3ボール」や三振前の「2ストライク」のコールは大きな声で。

少年野球では、「パパコーチ」が交替で審判をすることが多い。

少年野球は想定外のプレーが多く起こるので、ジャッジは大変と思うかもしれないが、一番大事なのは「子供のため」だということ。審判4人制が基本なのだから、まず自分の担当の塁だけしっかり見ればいい（縦審＝本塁・二塁、横審＝一塁・三塁）。神経質になる必要はないので、子供たちと一緒にルールを覚えていくくらいの気楽さで臨むのがいい。

一塁・塁審の注意点

4 人審判がいるのだから、まず「一塁ベースだけ」しっかり見ればいい（打球のフェア・ファウルは、一塁ベースより外野側をジャッジ＝本塁側は球審がジャッジ）。

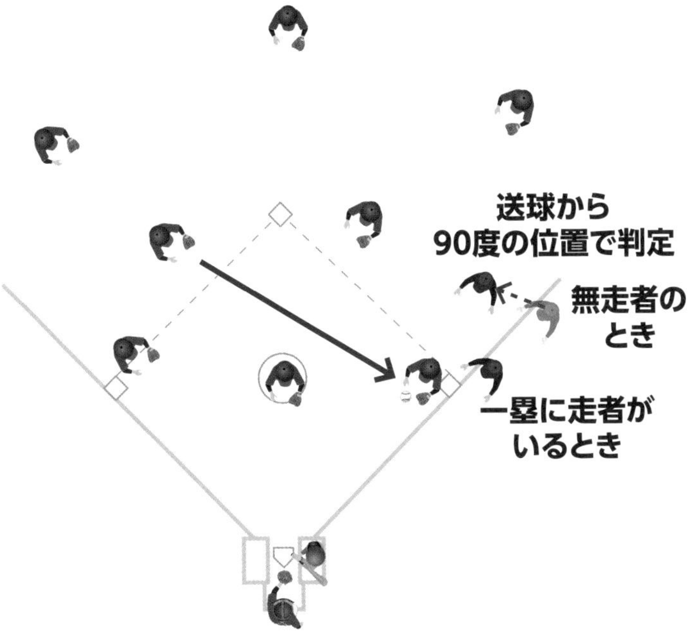

- **無走者のときは、一塁ベース後方5メートルくらいで、ファウルゾーンに位置する。**

  内野ゴロが飛んだら、送球と一塁手を結んで、角度90度の位置に走り、止まってジャッジする（同時はセーフ）。

- **走者一塁のときは、一塁ベース後方3メートルくらいまで近づく（牽制球タッチに備える）。**

- **走者がいるときは、投手（特に左投手）がセットポジションで静止しているか、見る（静止しなかった場合、指導法として1度目は注意、2度目はボークを取る形が好ましいのではないか）。**

- **右打者のハーフスイング時、振っているか、止めているか。**

二塁・塁審の注意点

4 人審判がいるのだから、まず「二塁ベースだけ」しっかり見ればいい。

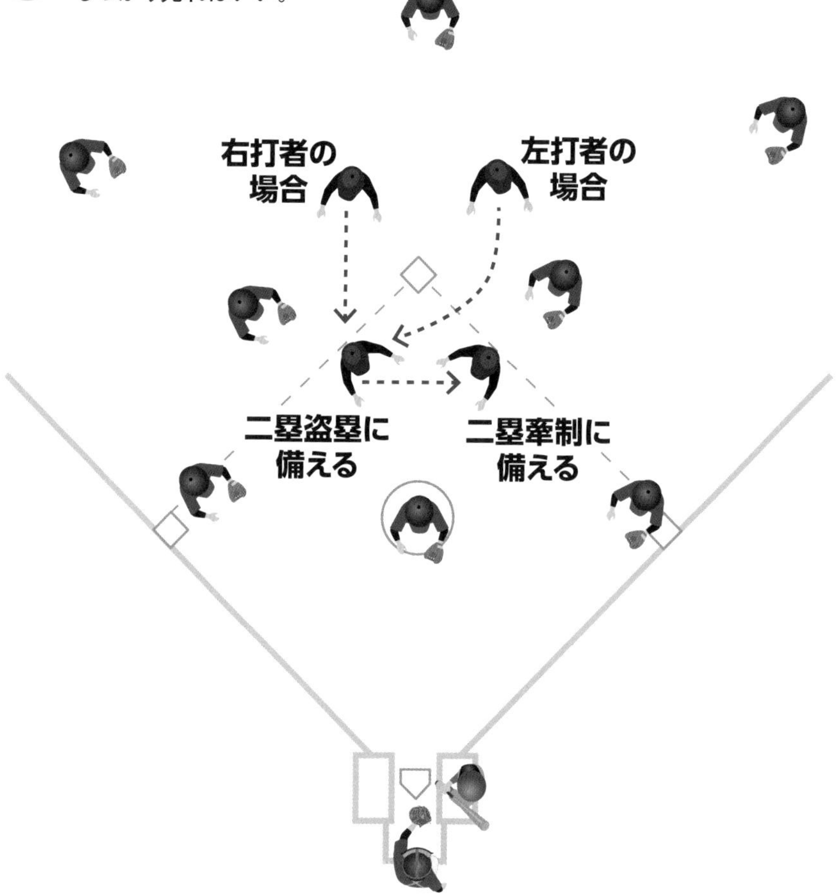

- **「無走者」「走者三塁」のときは、二塁ベースより後方3メートルに位置する。**

  一塁か二塁に走者がいる場合は、二塁ベースより前方3メートルに移動する。

- **二塁盗塁を見る。**
- **投手の牽制を見る（投手板を踏む軸足の動き）。**

三塁・塁審の注意点

4 人審判がいるのだから、まず「三塁ベースだけ」しっかり見ればいい（打球のフェア・ファウルは、三塁ベースより外野側をジャッジ＝本塁側は球審がジャッジ）。

●ふだんは三塁ベース後方5メートルくらいで、ファウルゾーンに位置する。

走者二塁のとき（三塁盗塁に備える）と、走者三塁のとき（牽制球タッチに備える）は、三塁ベース後方3メートルくらいまで近づく。

●走者がいるときは、投手（特に右投手）がセットポジションで静止しているか、見る

（静止しなかった場合、指導法として、1度目は注意、2度目はボークを取る形が好ましいのではないか）

●左打者のハーフスイング時、振っているか、止めているか。

あとがき

制作した編集部員は高校球児でしたが、選手を指導した経験はありませんでした。しかし学校教員の経験があり、「知識・技術」と「教えること」が違うことは身をもって理解しています。

この本を制作するにあたり、編集部員は３つの指導者資格を取得しました。

・「全日本軟式野球連盟公認学童コーチ」
・「公認野球指導者基礎Ｕ-12（軟式・硬式）」
・「公認野球指導者基礎Ｕ-15（軟式・硬式）」

また休日に、実際に地元の小学校チーム・中学校チームに「外部指導員」として指導を始めました。

小学生は1年ごとに身体が大きくなります。理解力も増します。だから「１・２年生」「３・４年生」「５・６年生」と分けて考える必要があります。その意味からも「初級編」「中級編」「上級編」と分けたのです。

また「上級編」は、全国小学生の精鋭を集めた「NPBジュニアトーナメント」、地元の中学生チームのプレーを参考にしました。

NPBジュニアトーナメントにおいて、各チームのプレーを見て感じたのは、まずボークがありません。セットポジションで完全に動作を静止しないまま投球して、ボークを取られるのは中学野球でも多いのです。

捕手も意図的にワンバウンドで、低く速い二塁送球をします。守りの要の遊撃手は、どのチームの選手もゴロ捕球、スローイングが見事でした。

センターが背走してフライを捕球する外野守備も目を引きました。つまり、捕—投—遊—中の「センターライン」の選手が特にしっかり守っていました。打撃・盗塁に関しても、各選手とも思い切りのいいプレーをしていました（P88参照）。

ただ最終的に、小学生に野球を教えるには「礼儀、時間厳守」も大事だと思います。「選手育成の達人」野村克也さんに直接話を聞いたことがあります。

まずは「礼儀という一番小さなルールを守れなければ、野球上達の小さなルールも守れないよ」

その上で、各選手の「個性」「長所」を伸ばしてあげることが大事なのです。

本書がそのお手伝いをできれば、と思います。

編集部

◆プロフィール

井端弘和（いばた・ひろかず）

1975年生。堀越高〈甲子園出場〉→亜細亜大（97年ドラフト5位）→中日ドラゴンズ（1998〜2013）→読売ジャイアンツ（14年〜15年）。

通算17年1896試合1912安打、打率・281、56本塁打、510打点、149盗塁、248犠打。

入団3年目から遊撃レギュラー・2番打者として、リーグ優勝4度・日本一1度に貢献。

ベストナイン遊撃手5度、遊撃ゴールデングラブ賞7度。

02年サイクル安打。06年遊撃手・最多連続守備機会無失策513は日本記録。

13年WBC台湾戦9回二死から同点打、ベスト4に貢献。ベストナイン（DH部門）。

現役引退後は、高橋由伸監督のもと、巨人内野守備走塁コーチ（16年〜18年）。2020東京五輪「侍ジャパン」内野守備走塁コーチ（金メダル）。NTT東日本コーチ（22年都市対抗ベスト4、22年日本選手権準優勝）。

23年から「侍ジャパン」日本代表監督。

STAFF

取材・構成 ▶ 飯尾哲司
カバー・本文デザイン ▶ シモサコグラフィック
撮影 ▶ 天野憲仁（日本文芸社）
イラスト ▶ 楢崎義信
文字校正 ▶ 鈴木宏和
編集協力 ▶ 城所大輔（多聞堂）
SPECIAL THANKS ▶ 株式会社フィールドフォース

少年野球
デキる選手はやっている「打つ・走る・投げる・守る」
〜レベル別、基本プレー58〜

2023年8月1日　第1刷発行
2024年10月20日 第4刷発行

著者　井端弘和
発行者　竹村 響
印刷所　株式会社　文化カラー印刷
製本所　大口製本印刷　株式会社
発行所　株式会社　日本文芸社
〒100-0003 東京都千代田区一ツ橋 1-1-1 パレスサイドビル 8F

Printed in Japan 112230719-112241009 Ⓝ 04 (210116)
ISBN978-4-537-22122-0
編集担当　岩田裕介